잡학동천

홍상철 수필집

잡학동천雜學洞天

인쇄| 2017년 6월 10일
발행| 2017년 6월 15일

글쓴이| 홍상철
펴낸이| 장호병
펴낸곳| 북랜드
06252 서울 강남구 강남대로 320, 1108호(황화빌딩)
대표전화 (02) 732-4574 | (053) 252-9114
팩시밀리 (02) 734-4574 | (053) 252-9334

등 록 일| 1999년 11월 11일
등록번호| 제13-615호
홈페이지| www.bookland.co.kr
이-메 일| bookland@hanmail.net

책임편집| 김인옥
교 열| 배성숙

ISBN 978-89-7787-720-7 03810

값 12,000 원

잡학동천雜學洞天

홍상철 수필집

북랜드

책 · 을 · 내 · 면 · 서

'막스 베버'는 "공무원은 개인감정 없이 제한된 업무로 생계를 유지한다."고 했다. 어떤 사람들은 '공무원은 영혼이 없는 사람'이라고도 한다. 과연 그럴까? 36년간 지방에서 공무원으로 지냈다. 결코 짧지 않은 시간이다. 그동안 나는 어떻게 일해 왔을까 하는 생각을 해본다. 정말 개인감정 없이 주어진(제한된) 업무만 하면서 생계만을 유지해 왔는지, 영혼 없는 삶만을 살아 왔는지. 스스로는 알 수가 없다. 나는 그렇지 않았다고 강변을 하고 싶지만 쓸데없는 일일 뿐이다. 그것은 나만의 착각일 수도 있으니까. 이제 인생 일모작을 마치면서 지난날을 되돌아보지만 나의 흔적에 대한 확신이 서지 않는다. 잘한 것인지 잘못한 것인지.

글을 쓴다는 것은 어려웠다. 어떻게 써야 하는지를 몰랐다. 쓸 생각을 해보지도 않았다. 꼭 써야 할 일도 없었다. 그러나 세상살이가 어디 자신의 생각대로만 흘러가는가. 읽고 써야 할 자리로 흘러오자 사정이 달라졌다. 스스로를 '글쟁이'라고 겸손(?)을 떠는 사람들과 매일 만나는 업무를 맡게 되었다. 그때부터 읽고, 쓰는 흉내를 내기 시작했다. 그것이 전부다. 한편으로 부끄럽고, 건방져 보이지 않을까 겁도 난다. 내 딴에는 다듬고 다듬었지만 흠집투성인 서툰 글들이다. 이 서툰 것들은 그동안 보고 듣고 느낀 것들을 옮겨본 것이다. 지난 시간을 한번이나마 되돌아보자는 생각에서 마련한 것이다.

36년이란 짧지 않은 시간을 무사히 마칠 수 있도록 함께 호흡을 맞추어 일해 준 동료 공직자들에게 감사의 말씀을 드린다. 또한 넉넉하지 못한 살림살이를 꾸려가면서도 가정보다 직장 일을 우선해야 한다는 마음으로 내조를 해준 아내에게 사랑과 감사의 마음을 전한다.

2017년 6월

홍 상 철

차례

2 잡학사전

3 머물다 간 자리

4 호국평화의 도시 칠곡 속으로

5 믿거나 말거나

그 달달한 맛

입맛

여유로운 일요일 아침, 특별히 할 일이 없으니 허리가 아프도록 이불 속에 누워 있다. 눈은 감았지만 자는 것도 깨어 있는 것도 아니다. 시간이 입력되어 자동으로 켜진 TV는 혼자서 놀고 있다.

일요일 아침의 TV는 라디오나 마찬가지다. TV는 제 역할을 다하고 있지만 내가 눈을 감았으니 라디오로 전락했다. 비몽사몽이 이런 것인 것 같다. 그때쯤이면 밖에서 한마디의 말이 날아든다. "이제 그만 ~ 일어나시지요." 아래위가 진하게 붙은 눈꺼풀을 반쯤 열고 쳐다보니 시침이 아홉시에 다가가고 있다.

간단히 세수하고 집어 든 주말판 신문에는 'MSG' 즉 인공조미료에 대한 심층기사가 한 면 가득하다. 평생을 먹어도 인체에 유해하지 않다는 식약청의 발표와 왠지 먹으면 가슴이 두근거리고 속이 메스껍다는 경험담까지 다양한 내용들이 결론 없이 나열되어 있다. 한 가지 이해하지 못할 일은 모든 식당에서 아무도 쓰지 않는다고 하는데 판매량은 꾸준히 늘고 있다는 사실이다. 맛 집의 비밀병기는 역시 조미료라고 꼬집고 있다. 현대인의 입맛을 사로잡는 데 조미료는 없어서는 안 될 존재라는 것 같다.

부엌에서 달그락거리던 아내가 삼베보자기에 싸인 뭔가를 들고 들어와 거실 바닥에 자리를 잡는다. 김이 모락모락 난다. 옆에는 참기름병과 주걱, 네모난 맑은 유리 찬 통이 보인다. 아내는 유리통에 참기름을 서너 방울 떨어뜨리고 주걱으로 골고루 바른다. 삼베보자기 속에서는 연한 갈색의 약밥이 고소한 맛을 퍼뜨리고 있다. 아내는 능숙한 솜씨로 약밥을 한 번 더 골고루 섞어서 맑은 유리통에다 담는다. 약밥 알갱이가 금세 뽀얀 김을 뿜어내면서 유리통에 흔적을 남긴다. 맑은 유리가 서린 김으로 뽀얗게 보이고 약밥 알갱이들은 유리에 얼굴을 맞대고 있다. 마치 아이들이 창문에 볼을 붙이고 밖을 내다보는 것 같다.

맛을 보라기에 신문을 놓고 생각 없이 왼손을 내밀었다. 의아한 눈으로 쳐다보더니 말없이 반 주걱은 떠서 놓아 준다. 순간 약밥이 살아서 움직인다. 싱싱한 생선처럼 손바닥 위에서 퍼덕인다. 약밥 위에 입술을 오므리고 입김을 쏟아내니 움직임이 둔해진다. 손바닥이 감당하기에는 너무 뜨거웠다. 약밥이 퍼덕인 것이 아니라 손바닥이 약밥을 굴리느라 그리된 것이다.

입안에는 어느새 약밥이 들어와 있다. 달콤하고 고소한 맛이 일품이다. 찹쌀의 쫀득한 맛과 아삭하게 씹히는 땅콩이 절묘한 조화를 이룬다. 부드러운 밤 맛에 잣의 솔향이 더해지니 입 안에 풍미가 가득하다. 예민한 혀는 단맛도 결코 놓치지 않는다. 탱글탱글한 건포도가 터지면서 내뿜는 단맛을 단번에 잡아낸 것이다. 무엇인지 정확히 알지는 못하지만 찹쌀이 머금은 은은한 향이 입 안에 맴돈다.

"맛이 어때?" 하면서 쳐다본다. "좋다~"면서 말꼬리를 길게 뺀다. 정말 맛이 좋다. 아내의 입가에 만족해하는 미소와 함께 눈가에 '솜씨 괜찮지' 하는 자부심이 묻어난다. "솜씨가 대단한데 어떻게 만들었지?" "왜? 배워서 만들어 줄려고?" "응 배워 놓았다가 나중에 늙으면 마누라한테 아부해야지." "기다려 볼게요." 그러면서 자신만만하게 약밥 만드는 방법을 설명한다. "언제 이런 솜씨를 익혔느냐."는 물음에 약선요리를 배웠단다. 앞으로 더 많이 배워서 솜씨를 한번 부려보겠다고 자신만만이다.

'MSG' 이야기를 슬쩍 띄우니 펄쩍 뛴다. 자기는 절대 조미료를 쓰지 않는다고 강조한다. 조미료 없이 순수한 자연의 맛을 만들어 낸다는 뜻일 것이다. 맞는 말이다. 아내는 인공조미료를 쓰지 않는다.

약밥이 맛있다고 칭찬은 했지만 속으로 조금은 미안한 마음이 든다. 지금까지 맛본 약밥 중에서 최고의 맛인 것은 분명한데 내 혀의 감각은 어느새 어린 시절로 돌아가 있었기 때문이다. 우리 또래의 어린 시절은 배고픈 시절이었다. 학교를 마치고 돌아온 오후의 눈동자는 빠르게 돌아간다. 어디 먹을 것이 없나 하고 찾기 바빴다. 부엌에서 광으로 큰방 작은방 어디든 먹을 것이 있을 만한 곳이면 헤매고 다녔다. 겨울에는 생고구마를 먹고 봄에는 진달래꽃을 따먹어 입술이 자줏빛으로 변했다.

여름에는 감자를 구워 먹고, 가을에는 땡감도 따먹었다. 서리를 맞지 않은 땡감을 한 조각 베어 물면 떫은맛이 한입 가득하고 이(치아) 사이에는 이똥(치태)이 누렇게 끼었다. 딸꾹질을 하면서도 먹었다. 그럴 때는 굵은 소금을 털어 넣고 꼭꼭 씹으면 먹을 만한 맛이 났다.

배고픈 오후 시간에 가장 반가운 소리는 나보다 열두 살이 많은 큰 누나가 부르는 소리다. 가끔씩 우리를 부르면 쏜살같이 달려간다. 맛있는 간식이 나오기 때문이다. 우리는 가자마자 왼손을 불쑥 내민다. "손 씻고" 하는 누나의 한마디에 우물가로 달려가 손을 씻고 돌아온다. 그때서야 누나는 우리 손 위에 꽁보리밥 한 덩어리를 놓고 그 위에 강된장 한 숟가락을 떠놓아 준다. 보리밥에 된장 한 숟갈, 손바닥에 놓인 보리밥에는 짭짤한 강된장이 스며들어 말로 표현하기 힘든 맛을 낸다. 먹어보지 않은 사람은 그 맛을 상상하기 어렵다. 고픈 배를 채우는 최상의 맛이다. 아직까지 그 맛을 넘어서는 음식을 보지 못했다. 그러니 그때의 된장 맛이 배인 꽁보리밥이 약밥보다 높은 점수를 받는 건 당연한 일일 것이다.

오늘 아내가 정성스럽게 만든 약밥은 경기에서 이기고 억울하게 득점에서 진 축구 경기와 같은 신세가 되었다. 결국 맛에서는 이기고 입맛에서 패한 꼴이다. 그러나 냉정한 눈으로 보면 된장 맛이 스며든 꽁보리밥과 약밥은 비교가 되지 않는다. 재료나 맛이나 약밥이 한참 위다. 정성도 훨씬 많이 들였다. 그런데도 나는 아직 예전의 그 맛에서 벗어나지 못하고 있으니 참으로 이상한 일이다. 요즘 우리는 아무리 맛있는 음식을 먹어도 예전의 그 맛이 나지 않는다는 말을 많이 한다. 재료도 좋아지고 요리 솜씨도 나아졌는데 예전보다 맛이 나지 않는다니 이해하기 어렵다. 아마도 맛은 나아졌지만 우리의 입맛이 올라가고 둔해진 탓일 것이다.

요즘 생각 없는 남자들이 자주 하는 실수가 있다. 김치는 우리 엄마 솜씨가 최고였고 된장도 끝내주게 잘 끓였다고 자랑하는 것이다. 그 말 속에는 당신도 우리 엄마처럼 맛있게 김치 담그고 된장 끓일 수 없느냐는 무언無言의 항의가 묻어 있다. 물론 어린 시절 먹었던 엄마의 음식은 분명 최고의 맛이었을 것이다. 죽는 순간까지도 결코 잊기 어려울 것이다. 그러나 그 맛은 최고의 맛이라기보다는 잊지 못하는 맛일 것이다. 맛과 함께 추억을 품고 있기 때문이다. 문제는 많은 남자들이 아직도 '잊지 못하는 맛'을 '최고의 맛'이라고 착각하고 있다는 사실이다. 하루빨리 그 착각에서 벗어나야 할 것 같다. 칫솔에 치약을 듬뿍 묻혀서 묵은 입맛을 싹싹 닦아내야 한다. 그것만이 맛있는 음식을 눈치 보지 않고 계속 얻어먹을 수 있는 길이다. '최고의 맛'이라고 착각하고 있는 예전의 그 맛은 이제 '추억의 맛'으로 남겨 놓아야 한다. 오늘 아침 아내가 만든 약밥은 역시 최고의 맛이었다. 지금까지 먹어본 그 어느 음식과도 비교할 수 없는 천상의 맛, 바로 그것이었다.

♠ 2011 ≪문장≫ 수필부문 신인상 수상작

사진

날씨가 너무 춥다. 겨울은 겨울다워야 한다고 입버릇처럼 말했는데 열흘 넘게 이어지니 끔찍하기 싫다. 하루 종일 집안을 헤맨다. TV에서 유명인사가 출연한 대담프로가 진행 중이다. <그리운 나의 어머니>라는 제목의 프로다. 출연자가 어린 시절부터 자신의 어머니와 함께 겪었던 사소한 일에서부터 받은 교훈까지 이야기를 이어간다.

누구나 그렇듯 어머니는 훌륭한 분뿐이다. 언제나 자식을 위해 헌신했고, 비록 배움은 적었지만 자식들에게 인생의 좌표를 제시해 준 참스승과 같은 존재였다. 대담이 이어지는 내내 칭찬과 그리움으로 엮어져 있다. 중간 중간에 남긴 유품과 함께 찍은 사진도 소개된다. 어느 하나 구구절절이 사연이 없는 물건이 없다. 빛바랜 흑백사진 속에 나란히 앉은 가족은 자세는 어눌해 보이지만, 공간은 정과 사랑으로 메워져 다른 것이 파고들 틈이 없어 보인다. 내 눈이 사진에 고정되어 떠나지 못하다가 화면이 바뀌고 나서야 눈길을 거두었다.

불현듯 나는 어머니와 함께 찍은 사진이 있나 하는 생각이 머리를 스쳤다. 아무리 생각을 해도 나는 어머니와 함께 찍은 사진이 없는 듯하다. 없는 듯한 것이 아니라 없다. 한 번도 어머니와 함께 사진을 찍지 않았으니까. 어머니 나이가 올해로 여든일곱이고 내 나이 쉰다섯이다. 함께한 시간이 55년인데 사진 한 장 없다니 이해하기 힘들다. 남들이 보면 거짓이라고 할 것이다. 그러나 그건 사실이다. 나는 55년이란 오랜 시간 동안 어머니와 함께 사진을 찍어 본 적이 없다. 티내기를 싫어하는 어머니의 성격 탓도 아니고 내가 사진 찍기를 싫어해서도 아니다. 그런데 왜 나는 어머니와 함께한 사진이 한 장도 없을까. 나는 어머니와 함께한 기억이 남들보다 적다. '매우'라는 수식어를 붙일 수 있을 정도로 적다. 이런 말을 하면 다른 사람들은 의아한 표정으로 묻는다. "왜? 엄만데? 설마?" 참으로 대답하기 힘든 질문이다. 이런 질문을 받으면 어떻게 대답해야 할지 많이 망설이게 된다. 바로 생각이 나지도 않는다.

나는 어릴 때부터 어머니와 함께 한방에서 잠을 자본 기억이 없다. 한 상에서 밥을 먹어본 기억도 별로 없다. 물론 내 기억의 한계일지도 모른다. 내가 기억하지 못하는 수많은 기억도 있을 것이다. 다만 내가 기억하지 못할 뿐일 수도 있다. 나는 언제나 할아버지와 함께 먹고 잤다. 그러니 나의 주된 활동공간은 할아버지가 계신 사랑방이었다. 어머니가 미워서도 아니고, 아들이 싫어서도 아니다. 나중에 알았지만 이것이 정해진 나의 업이었다. 나는 태어나면서부터 큰어머니 밑으로 양자를 가기로 정해졌었다. 어린 나이지만 언젠가는 가야 한다는 사실을 알고 있었다. 그것이 당연한 사실로 받아들여졌을 때쯤인 초등학교 5학년 때 어머니가 두 분으로 늘어났다. 어머니는 일찍부터 정을 들이지 않기 위하여 나를 할아버지 곁에 둔 듯하다. 이왕에 보낼 자식이라면 정이라도 주지 않는 것이 서로를 위해 좋을 듯하고 울면서 당신의 품을 떠나는 모습을 보고 싶지도 않았을 것이다. 하지만 이것은 오로지 나의 생각일 뿐이다. 이런 일에 대하여 한마디도 하지 않는 어머니의 속마음은 당신 혼자만 알 것이다. 아마도 평생을 혼자서 안고 갈 것이다.

몇 번을 망설이다가 아내에게 올봄에는 어머니와 사진을 한 장 찍고 싶다는 말을 꺼냈다. "갑자기 웬 사진은?" 하고 묻는다. "응 그냥 한 장 찍고 싶어서." 하고 얼버무렸다. "애 휴가 오거든 함께 찍고 같이 식사나 합시다." 하는 대답이 돌아온다. 어머니는 아직 건강하지만 구십을 눈앞에 두고 있다. 시간이 더 지나가기 전에 한 장의 사진을 찍고 싶다. 연로한 어머니가 어느 날 갑자기 가신다면 한 장의 사진 속에 서로의 얼굴을 담아두지 못한 것이 후회가 될 것 같은 생각에서다. 따뜻한 봄날이 오면 한 장의 사진을 찍는다는 생각에 가슴이 설렜다.

초등학생 소풍날 기다리듯이 아들 휴가 오는 날을 기다렸다. 이왕이면 좋게 찍고 싶다는 생각에 여기저기 수소문해서 유명 사진관도 알아 두었다.

세상일이란 언제나 마음먹는 대로 이루어지는 것은 아닌 것 같다. 사진을 찍기로 한 날을 3일 앞두고 형님으로부터 한 통의 전화를 받았다. 어머니가 편찮으셔서 병원에 입원을 하셨단다. 누구나 환자복을 입으면 조금은 초라하고 수척해 보이기 마련이다. 환자복

속의 어머니 역시 많이 수척해 보이는 모습이었다. 주사바늘을 꽂은 팔에는 여기저기 검은 멍이 생겼고, 투명하고 가느다란 링거액 호스는 매끈한 그 모습과 다르게 어머니의 움직임을 방해하고 있었다. 다행히 중병은 아니라고 하니 조금은 안심이다.

어머니는 그로부터 한 달 정도를 병원에 계셨었다. 한 달 만에 퇴원한 어머니는 계속 집안에만 계셨다. 그동안 하루에 한두 번은 다녀오던 경로당에도 발길을 끊으셨다. 가끔씩 어지럽다면서 혹시나 길에서 넘어지면 자식들에게 부담을 준다는 것이었다.

사진관에 가자는 말을 차마 할 수 없었다. 사진 한 장 찍는 것이 이렇게 어렵나 하는 생각이 들었다. 그러나 내 욕심만 차리자고 사진관에 가자고 할 수도 없는 노릇이다. 보름쯤 후에 다시 형님 집에 갔을 때 기력을 많이 회복하셨다. 점점 기력을 회복하는 모습이 좋았다. 그때 아내가 내 스마트폰을 달라고 했다. "왜?" 하고 물었더니 대답 대신 "옆에 앉아 봐요."한다. 사진을 찍어 주겠다는 뜻이다. 병원에서 퇴원한 지 얼마 안 된 어머니를 모시고 사진관에 간다는 것이 어렵다는 것을 알고 우선에 스마트폰으로 찍어 주겠다는 것이다. 엉겁결에 어머니 옆에 앉자 아내가 스마트폰을 이리저리 돌려가면서 사진을 찍었다. 아내도 어머니 옆에 붙어 앉아서 사진을 찍었다. "사진은 왜?" 하시는 물음에 "그냥 한번 찍고 싶어서요." 하고 얼버무렸다. 행여나 함께 찍은 사진이 없어 찍었다는 것을 아시면 가슴 아파 하실 것 같은 생각에 아내가 표시 나지 않게 찍은 것이다.

집으로 돌아오는 차 안에서 아내가 "이제 소원 풀어서 기분 좋아요?" 하고 물어보았지만 나는 아무 말도 할 수 없었다. 운전대만 잡고 앞쪽만 바라보았다. 머쓱해진 아내가 한마디를 더 보탠다. "한

장 뽑고, 바탕에 깔아요." 사진관에 가서 잘 나온 장면 한 장을 사진으로 인화해서 집에 두고, 내 스마트폰 바탕화면에 깔아두라는 말이다.

아내의 마음이 고맙다. 그동안 마음속에 묵혀 놓았던 숙제를 마무리한 기분이다. 이제 가지고 싶었던 한 장의 사진이 생겼으니 '유자 아니라도 품음 즉 하다마는 품어가 반길 이 없으니 이를 설워하노라.'고 하는 박인로의 「조홍시가」처럼 사진 때문에 후회할 일은 없을 듯하다. 그리고 일 주일이 지난 휴일 오후 한참 동안이나 스마트폰 조작법을 공부한 뒤에야 '배경화면으로 사용' 버튼을 터치할 수 있었다. 그 순간 어머니는 나의 가슴 속에서 스마트폰 바탕화면으로 자리를 옮겨 잡았다.

♠ 2011. <어머니 나의 어머니> 수기 공모전 최우수상

참기름

어머니는 올해로 연세가 여든일곱이다. 예전 같으면 장수했다고 할 만한 연세다. 그러나 요즘은 보편적인 사람은 누구나 누리는 연세다. 그만큼 평균 연령이 길어진 때문이다. 중도에 중풍이나 암과 같은 중병에 걸리지 않으면 팔구십은 보통인 시대다. 어머니는 여든 일곱의 적지 않은 연세지만 건강한 모습이다. 젊은 시절을 너무 어렵고 힘들게 살아온 탓에 지금의 건강을 유지한다는 것이 이상해 보일 정도다. 아침 식사를 마치면 경로당과 집을 오가는 것이 하루 일과다.

그런 어머니지만 명절이 되면 언제부터인가 자식들에게 참기름 한 병씩을 선물한다. 명절이 가까워지면 아껴둔 용돈으로 참기름 일곱 병을 산다. 흔히 동네 참기름 가게에서 파는 파란 소주병에 담긴 참기름이다. 하얀 병뚜껑 주변에는 참기름이 묻어 번들거리지만 고소한 맛은 고급 참기름에 뒤지지 않는다. 참기름 병은 언제나 검은 비닐봉지 속에 넣어져 있고 야무지게 묶여져 있다. 혹시나 쏟아질까 두려워 묶은 것인지 고소한 향이 날아가지 못하도록 묶은 것인지 알 수 없다. 아무리 꽁꽁 묶었지만 그 고소한 향을 비닐봉지 속에 가두기는 어렵다. 참기름 병을 싣고 집으로 돌아오면 오는 내내 차안에는 진한 향이 가득하다.

얼마쯤 지나면 둔해진 후각 탓에 느끼지 못하지만 진한 참기름의 고소함은 여전히 차안에 가득 차 있다. 그때는 창문을 살짝 열고 차안의 공기를 바꾸면 참기름의 고소함은 다시 찾아온다. 부모의 사랑도 이와 같다는 생각을 해본다. 부모가 자식에 쏟는 사랑이야 언제나 차고 넘치지만 자식들이 느끼는 것은 잠시 뿐이다. 시간이 지나면 쉽게 잊는다. 그러다가 문득 생각이 나면 마음을 다잡아 보지만 그것 역시 그때뿐이다. 이것이 자식의 한계인 것 같다.

어머니는 아들 셋에 딸 넷을 두었다. 어려운 시절에 자식들을 키운 탓에 남들처럼 잘 먹이고 많이 가르치지 못한 것이 가슴에 한으로 남은 듯하다. 한량閑良처럼 살아온 남편 때문에 오순도순 살아가는 다른 가정이 몹시 부러웠을 것이다. 가정 살림은 언제나 어머니의 몫이었다. 사람은 누구나 보는 사람에 따라 다른 모습으로 보일 수 있다. 남들의 눈에는 항상 부드러운 사람으로 보였다. 어쩌면 어수룩해 보였을 수도 있다. 그러나 자식들의 눈에는 한없이 강한 모습으로 보였다. 평소에는 부드러운 듯 보였으나 결단의 시간이 되면 언제는 강한 모습이었다. 그런 결단력이 있었기에 한 가정을 이끌었을 것이다.

언제나 자신의 건강관리에 신경을 가장 많이 쓴다. 결코 적지 않은 나이지만 건강을 유지하는 것은 이 때문인 것 같다. 식사량은 언제나 정해져 있어 간식을 먹으면 그만큼 식사량을 줄인다. 자신의 몸이 아프면 약국에 가고, 조금 더 심하면 병원을 다녀온다. 어떻게 보면 자신만을 챙기는 이기적인 모습으로 보인다. 그러나 그게 아니다. 늙은 사람이 아프면 자식들에게 짐이 된단다. 짐이 되지 않기 위하여 스스로 움직일 수 있을 때까지는 관리를 해야 한다는 것이다. 그래서 건강관리에 신경을 더 쓴다는 것이다.

올해 설에도 한 병의 참기름을 받았다. 예전과 다름없이 까만 비닐봉지 속에 꽁꽁 묶여 있지만 그 틈을 비집고 나오는 고소한 향은 여전했다. 집으로 오는 내내 차 안은 고소함이 넘쳤다. 참기름처럼 고소하게 살라는 어머니의 속마음을 알기나 하는 것처럼 계속 향을 뿜어냈다. 그 향은 우리의 식탁에 오르면 더 강한 향으로 번질 것이다. 우리 형제들은 참기름 선물을 언제까지 받을 수 있을지 알 수 없다. 오랫동안 받았으면 하는 마음이야 간절하지만 우리 뜻대로 되는 것이 아니지 않는가. 현명한 분이니 좀 더 오랫동안 좋은 선물을 주실 것으로 믿는다.

♠ 2011년

행복과 행운

진해지는 봄날만큼 푸르름도 진해진다. 집 근처에 마련한 텃밭에도 풀들이 하루가 다르게 자란다. 밭을 곱게 고르고 뿌린 씨앗은 아직 땅속에서 잠을 자고 있지만 버려둔 풀들은 모든 땅들을 점령할 기세로 자라고 있다. 밭고랑에는 바늘귀만 한 바랭이들이 녹색의 카펫을 만들어가고 있고, 밭둑의 쑥은 벌써 어른 행세를 하고 있다. 너무 일찍 나온 탓에 햇쑥으로 떡을 만들겠다는 아내의 검술 공격을 받았고, 연이어 부지런한 아래쪽 논 주인의 화염공격을 받았지만 그 기운이 꺾이지 않았다. 흔들리지 않는 강한 자연의 힘을 등에 업은 들판은 자신의 목표에 맞추어 푸르러지고 있다. 다만 인간의 손길만을 쳐다보는 논밭은 자연의 스케줄에 맞추기 위해 발버둥치지만 아직도 누런 황톳빛을 다 덮지 못하고 있다.

밭둑에 쪼그리고 앉은 아내가 움직일 줄을 모른다. 머리는 땅에 붙을 것 같다. 눈동자에서는 빛이 난다. 왼쪽에서 오른쪽으로 멀리서 가까이로 이리저리 움직인다. 무언가를 절실하게 찾는 모습이다. 무슨 중요한 걸 잊어버렸나? 저렇게 집중해서 찾을 만한 귀중품도 없는데? 가까이 다가가니 눈길을 붙들고 있는 것은 '클로버'다. 흔히 토끼풀이라고 부르는 것이다. 하늘하늘한 줄기 끝에 세 개의 동그란 녹색 잎을 달고 있다. 또 다른 줄기에는 하얀 꽃송이를 달고 있다. 더러는 꽃잎 끝에 연한 보라색을 머금고 있다. 꽃송이 바로 밑줄기를 세로로 찢고 다른 줄기를 넣어서 당겨서 꽃을 한곳으로 모으면 시계도 되고 반지도 된다. 꽃시계 꽃반지가 되니 비싼 꽃이다.

"뭘 그렇게 열심히 찾으세요?" "응 네 잎 클로버" "왜? 네 잎 클로버 찾아서 뭐하게?" 그때서야 얼굴을 빤히 들고 대답한다. "행운이잖아 네 잎 클로버를 찾으면 행운이 온대." "왜 네 잎 클로버가 행운이지?" "몰라. 남들이 그러니까 나도 찾는 거야." "행운을 갖고 싶어?" "당연하지 행운이 싫은 사람도 있나?" "네 잎 클로버가 행운의 상징이 된 이유를 알려줄까?" 나폴레옹이 전쟁 중에 풀밭에서 네 잎이 달린 클로버를 발견하고 신기한 생각에서 뜯으려고 몸을 숙였다. 그 순간 쌩~ 하고 총알이 머리 위를 지나갔다. 그냥 서 있었다면 총알은 나폴레옹의 머리를 통과했을 것이다. 그때까지 아무도 관심을 가지지 않았던 네 잎 클로버 한 잎이 나폴레옹의 생명을 구했다. 그때부터 행운의 상징이 되었다.

많은 사람들은 네 잎 클로버가 행운의 상징이라는 것을 알고 있고 행운을 가져다 줄 수도 있다는 기대감을 가지고 있다. 그러나 세 잎 클로버에 대하여는 관심이 없다. 세 잎 클로버는 '행복'이다. 수북하게 자란 클로버 무더기를 자세히 살펴보면 세 잎이 대부분이고 네 잎은 거의 없다. 0.1%도 안 된다. 이것은 행복은 지천으로 널려 있지만 행운은 가뭄에 콩 나듯 찾기 어렵다는 뜻이기도 하다. 흔히 우리는 평생을 살아가는 동안에 세 번의 행운이 온다고 한다. 그 세 번의 행운이 눈앞에 짠~ 하고 나타나기를 은근히 기대하지만 쉽게 모습을 드러내지 않는다. 여유만만하게 눈앞에서 어른거리다가 지나갔지만 왔는지도 모르고 막연히 기다리는 경우가 허다하다.

행운을 기다리는 만큼 행운의 기회도 많다. 기회는 많지만 애타게 기다리는 만큼 쉽게 잡기는 어렵다. 가장 먼저 생각하는 행운은 아마도 복권일 것이다. 누구나 한 번쯤 로또에 당첨되어 일확천금을 손에 쥐는 상상을 해본다. 그런 기대심에 로또를 구입하지만 행운의 여신은 쉽게 웃어주지 않는다. 누군가가 행운에 대하여 쓴 책에 보면 이런 말이 나온다. '행운은 얻는 것이 아니라 만들어 나가는 것이다. 그냥 눈앞에 뚝 떨어지는 것이 아니라 노력의 결과물이다.' 그리고 행운을 만드는 가정 좋은 방법은 '좋은 해석'이라고 했다. 모든 것을 좋게 해석하면 그 결과는 행운으로 이어진다. 맞는 말이다. 세상을 좋은 눈으로 좋게 보고 좋게 해석하면 세상일은 술술 풀려나간다. 우리 속담 중에 "꿈보다 해몽이 좋다."는 것이 있다. 아무리 끔찍한 흉몽도 해몽만 잘하면 길몽으로 바뀐다. 그러면 그 꿈이 바로 행운이 되는 것이다.

우리 주변에는 세 잎 클로버만큼이나 많은 행복이 널려있다. 일할 직장이 있어 행복하고, 함께 소주잔을 기울이며 고민을 털어놓을 친구가 있으니 행복하다. 퇴근하면 돌아갈 가정이 있고, 병원 신세를 지지 않아도 되는 건강한 몸을 가지고 있으니 행복하다. 이 모든 것이 큰 의미가 없는 일상으로 보이지만 좋게 해석하면 모든 것이 행복이다. 좋은 해석을 위해서는 행복지수를 조금은 낮추어야만 한다. 아내가 네잎 클로버 찾기를 중단하고 일어서면서 한마디 한다. "행복이 더 좋고 사방에 널려 있다지만 그래도 행운이 기다려져."

길들이기

살림살이가 어려웠던 시절 명절에 새 옷과 신발을 얻는 것은 큰 기쁨이었다. 명절이 아닌 때에 이런 걸 바라는 것은 호사였다. 평상시에 옷은 언제나 형과 언니로부터 물려받았다. 그러나 신발만은 달랐다. 비록 검정 고무신이었지만 처음부터 주인이 정해졌다. 질기기가 고래 힘줄 같았던 검정 고무신은 아무리 신어도 떨어지지 않았다. 옷을 물려받을 땐 언제나 헌 옷만 준다고 불평이 뒤따랐지만, 신발을 받을 땐 기쁨이 뒤따랐다. 불평하면서 받은 헌 옷은 처음부터 편했다. 기쁨과 함께 받은 신발 뒤에는 고통이 뒤따랐다. 그 고통은 발뒤꿈치의 물집이었다. 새 고무신에 대한 기억은 대부분 물집과 연결되어 있다. 헝겊이나 솜뭉치를 대기도 하고 망치로 잘근잘근 두들기기도 했다. 내 발과 하나로 만들기 위한 길들이기였다. 그럼 금방 좋아졌다.

세상 만물은 시간이 지남에 따라 변한다. 부드러워지기도 하고,

굳어지기도 한다. 세상의 모든 것을 뚫을 것 같던 날카로운 창끝도 쓰다 보면 무뎌지고 언제까지나 버틸 것 같은 방패도 마지막엔 뚫어진다. 사람도 마찬가지다. 머리가 둔해 아무것도 못할 것 같은 둔재도 노력하면 이루어낸다. 남남이 만나 가정을 이루면 처음엔 생각과 습관의 차이에 따라 잦은 충돌을 일으킨다. 가장 먼저 차이를 보이는 것은 입맛이다. 남편은 젓갈을 싫어하고 아내는 젓갈이 없는 음식은 상상해 본 적이 없다. 신혼 초 모든 김치에는 멸치젓과 새우젓이 듬뿍 들어간다. 남편으로선 죽을 맛이지만 참고 지낸다. 대신 김치에 젓가락을 대지 않는 것으로 반항해 보지만 별도리가 없다. 시간이 지나도 김치가 계속 거무스름한 색깔을 띠고 있으면 남편이 폭발한다. 그때부턴 젓갈의 농도가 연해지고 생 젓갈 대신 달인 젓갈 국물이 들어간다. 한발 물러선 아내의 태도에 남편도 슬며시 받아들인다. 중간선에서 타협이 이루어진 것이다. 이런 과정을 반복하다 보면 남편의 입맛은 길들여진다. 어느 날 "김치 담았는데 어때요. 냄새 나요?" "아니! 모르겠는데." 십 년 만에 이룬 성과다.

반대로 길들여지지 않는 경우도 있다. 신혼 초엔 대부분의 남편들은 아내가 선녀인 줄 안다. 착하고 부드럽기가 한이 없다. 그러나 시간이 지날수록 남편은 부드러워지고 아내는 빳빳해진다. 하나씩 더 가질 때마다 가진 만큼 빳빳해진다. 봉급 통장이 넘어가고 아이가 태어나면 더해진다. 둘째 아이가 나면 모든 것을 장악한다. 시간이 지날수록 숙이는 것이 편한 길이란 것을 남편들은 본능적으로 아는 것 같다. 퇴직할 때쯤 되면 남편은 점점 어려워진다. 아내가 남편보다 훨씬 많이 가졌다. 아이들도 모두 엄마 편이고 돈은 아내가 모두 가졌다. 막상 퇴직하면 남편들은 갈 곳이 없다. 한평생을 직장

안에서만 살았으니 당연히 직장밖엔 친구가 없다. 없는 것이 아니라 그동안 자주 만나지 않았으니 새삼스레 만나도 서먹서먹하다. 그러니 마누라 뒤만 졸졸 따라다니는 나이든 마마보이가 되는 것이다.

그러나 아내는 다르다. 주변에 수많은 인적 네트워크가 구성되어 있다. 아파트 통로 모임은 이사할 때마다 만들었고 아이들 학년마다 엄마들 모임이 있다. 문화센터 모임도 과목마다 있다. 그러니 날마다 모임이다. 남편은 안중에도 없다. 없다기보다는 마음을 줄 시간적 여유가 없다. 이젠 마누라 치마만 잡고 따라 다니는 남편이 어린 시절 친구들 모임에 기를 쓰고 따라오는 동생처럼 보인다.

이런 상황이니 아내 길들이기는 생각도 못한다. 언감생심 길들이기라니 꿈도 야무지다. 한때 시중에 이런 이야기들이 떠돌았다. '이삿짐 트럭이 오면 강아지를 안고 조수석에 먼저 올라앉아야 한다.' 이것이 남편들의 마지막 생존전략일 수도 있다. 신발 길들이기는 일 주일이면 되고 남편 입맛 길들이는 데는 길어도 십 년이면 충분하다. 그럼 아내 길들이기는 얼마면 되는가. 일찌감치 포기하는 것이 상책이다. 대신 맞추는 것이 현명한 방법이다. ㅎㅎㅎㅎ……

좋은 생일

생일이다. 어린 시절에는 누구나 생일이 많이 기다려진다. 그날은 달라지는 것이 많다. 우선 그릇에 담기는 밥이 많다. 쌀의 비율이 높아진다. 당연히 못 보던 반찬도 보인다. 노란 놋쇠그릇에 담긴 계란찜이라도 보이면 더 이상 바랄 것이 없다. 밥솥 안에서 쪄낸 계란찜은 가운데가 조금은 볼록하게 나와 있어 보기가 좋다. 부엌에서 방안으로 옮겨지는 동안 열기가 식어 조금은 쭈그러지고 볼록 나왔던 부분이 오목하게 들어간다. 그곳엔 연한 암갈색은 띤 맑은 물이 고여 있다. 아까운 계란찜이 부서지지 않게 숟가락을 맑은 물은 떠서 입안에 넣으면 그 맛이 기가 찬다. 간장의 맑고 깊은 맛이 들어 있다. 이래서 다들 생일을 기다리는 것 같다.

난 내 생일이 참 좋다. 어릴 적에 맛있는 음식을 먹을 수 있어 좋았다면 지금은 날짜가 좋다. 음력 2월 8일. 왜 이날이 좋으냐고 물으면 "그냥 좋아요."라고 한다. 남들이 웃는다. 그래도 좋다. 어릴 적

별명이 '미륵'이었다. 고향마을에서 읍내로 가는 고개인 '바람재(풍령재)'에 큰 미륵이 있었다. 그때 마을 사람들은 나를 그 미륵처럼 미련하게 생겼다고 그렇게 불렀다. 실제로 많이 미련했었던 것 같다. 그때 그 별명이 많이 듣기 싫었다. 싫다고 부르지 말라고 하면 사람들은 재미있다고 더 많이 불렀다.

지금은 그 별명이 참 좋은 것 같다. 내가 미륵을 닮았다는 것만으로도 큰 영광이다. 불교에는 3대 명절이 있다. 기독교에 성탄절과 부활절이 있는 것처럼. 4월 8일은 석가탄신일이다. 즉 부처님의 생일이니 최고의 명절이다. 성탄절처럼. 12월 8일은 성도절이다. 오랜 수도 끝에 깨달음을 얻은 날이다. 그럼 2월 8일은? 출가일이다. 부처님이 깨달음을 찾아서 편안한 궁전을 버리고 고난의 길로 접어든 날이다. 그날이 바로 내 생일이다. 새로운 목표를 위하여 출가한 날이라 좋다. 우리 같은 범인凡人은 출가가 아니라 가출이 된다.

아침에 큰 아이가 출근하면서 한마디 한다. "생일 축하해요. 저녁에 식사 같이 해요." 지금까지 내가 애들한테 식사 같이 하자고 말했는데 뜻밖에도 딸아이가 그런 말을 한다. 바뀌었다. 이제 취업을 했으니 그 정도는 할 수 있다는 자신감이라는 생각이 든다. 집에서 하자는 것인지 자기가 사겠다는 것인지 저녁이 되어야 알 것 같다. 어쨌든 좋다. 오늘 세상에서 가장 좋은 날, 부처님 출가일과 같은 날에 별명이 '미륵'이었던 나의 생일을 스스로 축하해 본다. ㅋㅋㅋㅋ

사랑하는 당신에게

"아~ 아~ 입 크게 벌리고, 꼭꼭 씹어서, 꿀꺽 넘겨요. 자~ 물~" 이건 당신이 아침마다 어머님과 나누는 대화의 시작입니다. 이런 대화는 끝없이 이어집니다. 어머님의 아침 식사를 마칠 때까지. 그리고 하루 세 번 반복합니다. 골다공증이 있던 어머님이 허리를 다쳐 병석에 누워 거동을 못한 지가 올해로 6년, 당신은 그동안 이 일을 반복해 왔습니다.

올해 88세인 어머님은 6년이란 오랜 병환으로 몸은 수척할 대로 수척했고, 정신마저 혼미해져 사람도 알아보지 못할 때가 더 많습니다. 다시 병마를 떨치고 일어설 가능성도 적습니다. 아니 없다는 표현이 맞을지도 모릅니다. 그러나 당신은 당신의 모든 일을 어머님의 일정에 맞추어 놓고 있습니다. 당신의 하루 일은 어머님 식사 수발과 대소변 받아내고, 목욕시키고, 그리고 시간이 나면 옆에 앉아 같이 이야기하기가 전부입니다.

요즘은 말씀마저 알아듣지 못하니 당신 혼자서 일방적으로 하는 이야기가 전부일 때가 더 많습니다. 그래도 당신은 말없이 그 일을 계속하고 있습니다. 언제부턴가 당신과 어머님은 말을 놓고 지내는 사이처럼 보입니다. 다른 사람이 처음 보면 며느리가 시어머니에게 반말한다고 욕할지도 모릅니다. 그러나 이젠 자연스럽게 며느리가 아닌 딸처럼 서로 간에 말을 놓고 지내는 사이로 변해 버렸습니다. 간혹 정신이 돌아올 때면 말씀은 안 해도 반말처럼 하는 며느리가 그리 밉게 보이지는 않는 것 같습니다. 당신도 감정이 있는 사람이기에 왜 불만이 없겠습니까. 간혹 기저귀가 벗겨져 속옷을 버렸다고 투덜거리고 핀잔을 줄 때도 있습니다. 어떤 때는 가슴 한번 만져보자고 어리광을 부릴 때도 있습니다. 오랜 투병 기간을 거치면서 이제 당신과 어머님 사이에는 남들이 이해하지 못하는 교감이 형성되어 있는 것 같습니다.

아들이 하지 못하는 일을 며느리인 당신이 도맡아 하니 내가 당신에게 할 수 있는 말은 고맙다는 말밖에 없는 것 같습니다. 아니 미안하다는 말이 먼저 나옵니다. 남들이 며느리가 착하다고, 고생한다고 위로할 때도 당신은 그냥 웃기만 합니다. 간혹 어떤 사람들은 긴 병에 효자 없다면서 요양원에라도 모시라고 권유합니다. 그럴 때 당신은 언제나 괜찮다는 말만 되풀이합니다. 어떤 때는 돈이 없다는 핑계를 대기도 합니다. 그런 당신이 정말 고맙습니다.

당신의 그런 모습 덕분에 우리 집 아이들이 당신을 닮아가는 것 같습니다. 당신의 그런 모습을 보고 자란 아이들이라 오랜 기간 병석에 누워있는 할머니 옆에서 지내는 데 거리낌이 없습니다. 올해 대학 2학년인 지혜는 시간이 나면 할머니 옆에서 놀아 줍니다. 한

이불 속에 발을 묻고 책도 보고 이야기도 합니다. 고등학교 1학년인 윤환이는 할머니와 같은 방을 쓰면서도 불평 한마디 없습니다. 공부하는 방도, 잠자는 방도 할머니 방입니다. 내가 할머니와 같은 방을 사용하니 불편하지 않느냐고 넌지시 물어보면 도리어 아빠가 이상하다는 표정을 짓습니다. 이 모두가 당신의 희생 덕분인 것 같습니다.

나는 항상 당신에게 미안합니다. 당신과 결혼한 지도 어언 22년이 지났습니다만 그동안 내가 당신에게 해준 것이 무엇인가 하고 생각해보니 아무것도 없는 것 같습니다. 6년째 힘들게 병간호를 하고 있는 당신에게 따뜻한 위로의 말 한마디 해본 적도 없는 것 같습니다. 지친 당신이 투정이라도 부릴 때도 너그럽게 받아주지 못하는 속 좁은 남편에 지나지 않은 것 같습니다.

아침에 일어나면 오늘부턴 당신에게 좀 더 잘해주어야지, 이번 일요일에는 내가 모든 것을 스스로 해주어야지 하고 결심을 해보지만 하루만 지나면 허사로 돌아가고, 모든 일은 당신의 몫으로 남습니다. 오늘 또다시 새로운 결심을 합니다. 내일부터 퇴근하면 내가 당신의 일을 반으로 덜어 주겠다고. 나의 이 결심이 지켜졌으면 좋겠습니다.

여보 고맙습니다. 정말 고맙습니다. 그러나 이제부터는 당신에게 고맙다는 말은 하지 않을 생각입니다. 고맙다는 말 대신에 사랑한다는 말을 하겠습니다. 여보! 사랑합니다.

좁쌀 같은 남편이

윤환에게

잘 지내고 있니? 우린 잘 있어. 네가 군에 가고 없으니 조금은 허전하지만…….

일상에 변화는 없어. 아침에 달오산 갔다가 낮에는 일하고 저녁엔 엄마와 함께 강변에 조금 걷고……. TV 보고, 책 몇 쪽 읽고 잠자고……. 뭐 이런 생활 패턴이 그대로 유지되고 있지. 넌 어떠니? 힘들지? 당연히 힘이 들 거야. 누구나 힘들어하는 과정이니까. 그러나 그 과정을 통과함으로써 더욱 단단해지고 빛이 나지 않겠니. 조만간 단단해진 모습을 볼 수 있기를 기대해요.

'역경지수'라고 들어본 적이 있나요. AQAdversity Quotient라고 새로운 스트레스에 생산적으로 대응할 수 있는 능력을 말하는 것이지요. 역경지수가 높은 사람일수록 어떤 역경이 닥쳤을 때 합리적인 판단과 도전정신으로 목표를 성취하는 능력이 높다고 할 수 있지요. 즉 모든 일을 긍정적 사고로 할 때와 부정적 사고로 할 때는 일의 결과는 엄청난 차이가 나요.

우리가 소주를 한잔할 때를 가정해 봐요. 부정적 사고를 가진 사람은 "소주가 반병밖에 안 남았네."라고 하는 반면에 긍정적 사고를 가진 사람은 "아직 반병이나 남았네."라고 하지요. 결과를 놓고 보면 반병이 남은 것은 같지만 서로 다른 사고를 가진 두 사람의 먼 장래를 보면 확연한 차이가 난다고 하지요. 그것이 긍정의 힘이지요. 긍정적 사고를 가지고 역경지수가 높은 사람은 장애를 만나면 극복하고 지나가지만 부정적 사고에 역경지수가 낮은 사람은 주저앉거나 돌아가는 경향이 있다고 하네요. 우리가 세상을 살아가는 데는 많은 현실적 어려움이 존재하고 있어요. 그러나 자신의 생각에 따라 장애를 넘을 수 있는 사람과 넘지 못하는 사람으로 구분 되지요. 항상 긍정적 사고로 생활하기를 바래요.

부패와 발효의 차이에 대하여 생각해 본 적이 있나요. 우리나라의 대표적인 젓갈 주산지는 전라도의 강경이지요. 그곳에 가면 큰 젓갈시장이 형성되어 사시사철 사람들로 북적거려요. 특히 가을 김장철로 접어들면 더욱 그렇지. 새우부터 멸치, 황새기, 까나리 등 바다에서 나오는 모든 생선은 젓갈로 담근다고 할 정도로 많은 종류의 젓갈이 있어요. 바다에서 잡아 올린 생선을 그냥 두면 2~3일 만에 썩어 버려요. 코를 찌르는 고약한 냄새가 나고 썩은 물이 흘러 아무도 가까이 가려 하지 않아요. 어쩔 수 없이 지나가는 사람도 코를 막고 종종걸음으로 지나가지요. 그러나 소금을 치고 버무려 토굴 속에 6개월 정도 보관하면 맛있는 젓갈이 되어요. 처음에는 똑같은 재료였지만 시간이 지나면서 한쪽은 김장의 필수품인 젓갈이 되고 한쪽은 냄새가 나는 쓰레기가 되지요. 차이는 무엇일까요. 소금과 정성이 아닐까요. 방치하면 썩어버리지만 정성을 들이면 발효가 되지요. 시작은 같으나 끝은 크게 달라요.

흔히들 군대 복무를 썩는다고들 표현하지요. 과연 썩는 것일까요. 아니에요. 인생이란 긴 시간을 놓고 볼 때 군복무는 절대로 썩는 기간이 아니에요. 그 기간 동안 어떤 생각을 가지고 생활하느냐에 따라 많은 것이 달라져요. 긍정적인 사고로 복무한다면 잘 발효된 젓갈이 될 것이고 부정적 사고로 복무한다면 냄새가 코를 찌르는 쓰레기가 될 것 같네요. 윤환이는 평소에도 긍정적 사고로 생활해 왔으니 군 생활도 긍정적이고 적극적으로 할 걸로 믿어요. 열심히 합시다.

누나 임용시험 지역별 인원이 발표되었는데 어느 지역을 응시해야 할지 고민 중이에요. 이번 주말에 같이 모여서 머리를 짜봐야 할 것 같아요. 일 년 동안 열심히 공부했으니 좋은 결과를 기대하고 있어요. 우리 모두 잘 되도록 기도하고 응원합시다.

아빠가.

보물찾기

여름철 반찬으로 풋고추를 된장에 찍어 먹으면 그만입니다. 옆 사람이 고추를 맛있게 먹는 걸 보고 물어 봅니다. "고추 안 맵니?" "내 입에는 딱 맞다. 맛 좋은데." 내 입에 딱 맞다는 말에 용감하게 입속으로 넣고 버석 소리가 나게 씹습니다. 그리고는 이내 "아~~" 하는 비명(?)소리와 함께 물을 들이킵니다. "안 맵다고 했잖아." 하고 눈에 힘을 줍니다. "내가 언제 안 맵다고 했니, 내 입에 딱 맞다."고 했지. "그 말이 그 말 아니니." "난 안 맵다고 한 적 없다. 나보고 그러지 마라." 하고 시침을 뚝 뗍니다.

고추에 대하여 잘못 말한 것입니까? 아니면 잘못 들었습니까? 정답은 없습니다. 서로의 기준이 다르니까요. 가치 기준을 정할 때 정해진 객관적 기준은 없습니다. 평가하는 사람의 주관에 의해서 결정됩니다. 짜게 먹는 사람도 있고 싱겁게 먹는 사람이 있듯이 모두가 다릅니다. 반찬으로 나온 김치가 조금 짜다고 가정해 봅시다. 한 사람은 김치 참~ 맛있다. 김치 하나만 해도 밥 다 먹을 수 있겠다고 할 것입니다. 반면에 다른 한 사람은 김치가 아니라 소태라면서 두 번 다시 손도 되지 않을 것입니다. 사람도 마찬가지가 아닐까요.

주변을 한번 둘러봅시다. 주변에 수많은 사람들이 있습니다. 가족도 있고, 동료도 있습니다. 친구, 동창, 가까운 사람, 조금은 먼 사람, 고마운 사람, 미운 사람……. 수없이 많습니다. 이 많은 사람들이 모두가 장점만 가지고 있지는 않습니다. 장점을 가진 만큼 단점도 가지고 있습니다. 만약 사람이 장점만 가지고 있다면 어떻게 되겠습니까. 그 사람은 이미 사람이 아닐 것입니다. 그는 이미 신의 반열에 오른 사람입니다. 신은 사람의 세계에 살 수 없습니다. 반면에 단점만 가진 사람이 있다면 어떻게 되겠습니까.

모두가 슬금슬금 피하고 가까이 하지 않을 것입니다. 어느 누구도 가까이 하려고 하지 않는다면 한마디로 왕따가 되는 것입니다.

대부분의 사람들은 장점과 단점을 함께 가지고 있습니다. 약간의 차이는 있습니다. 문제는 상대를 보는 우리의 눈입니다. 사람에 따라 보는 눈에 약간의 차이가 있습니다. 상대의 장점을 잘 보는 사람이 있는 반면에 단점을 잘 보는 사람도 있습니다. 사람을 보는 눈은 선천적으로 타고 나는 것은 아닙니다. 후천적 영향이 더 큽니다. 남의 단점보다 장점을 많이 보는 연습을 하면 장점이 훨씬 많이 보입니다. 지금 내 옆에 있는 사람을 한번 쳐다보십시오. 좋은 점이 얼마나 많은지 모릅니다. 물론 나쁜 점도 있습니다. 그러나 곱게 보면 모든 것이 고와 보입니다. 주변 사람의 장점을 차근차근 찾아보십시오. 분명히 많은 장점이 있습니다. 모든 건 처음이 어렵습니다. 하나의 장점을 발견하면 둘, 셋을 보기는 식은 죽 먹깁니다. 이런 걸 보고 눈이 뜨였다고 하는 것입니다.

어느 지혜로운 스승의 집에 제자가 방문해 집 구경을 했습니다. 진열장에 있는 그릇 하나를 발견하고 흥분된 목소리로 물었습니다. "스승님 이 귀한 그릇을 어디서 구했습니까?" "아, 이거 얼마 전에 죽은 거지 밥그릇이네." "그럼 이 귀한 그릇을 그동안 거지가 밥그릇으로 썼다는 말입니까? 이걸 팔면 평생 떵떵거리며 살 수 있었을 텐데." 스승이 한마디 했습니다. "그런데 그 거지는 주린 배를 채우는 데만 신경 썼지, 그릇의 가치에 대해서는 한 번도 신경을 쓴 적이 없었네. 그러니 팔아서 쓸 생각을 못했지. 밥을 보는 눈은 있어도 그릇을 보는 눈은 없었다고 할 수 있지."

우리는 주변에 있는 가족이나 동료, 친구의 진정한 모습에 대하여 어떤 눈으로 보고 있습니까. 혹시 장점보다 단점을 더 많이 보진 않았습니까. 물론 단점도 보이고 장점도 보일 것입니다. 누구나 완벽할 수는 없으니까요. 장점과 단점 모두를 보아야 합니다. 그러나 가급적 장점을 많이 보는 것이 좋지 않을까 합니다. 오늘부터 장점을 한번 찾아보십시오. 그동안 무심하게 넘겨 버린 많은 장점들이 있습니다. 단점을 모두 덮고도 남을 만큼의 장점이 있을 것입니다.

장점이 보이거든 칭찬을 하십시오. 칭찬은 크고 작고의 차이가 없습니다. 칭찬도 하다 보면 늘어납니다. 칭찬에 어색할 필요는 없습니다. 처음은 조금 어색해도 하면 됩니다. 몇 번만 하다 보면 습관이 됩니다. 고기도 먹어본 놈이 많이 먹는다는 말처럼……. 그렇다고 잘못된 것을 모른 척하란 말은 아닙니다. 그냥 넘겨 버리면 회피입니다. 잘못된 것에 대하여도 이야기하십시오. 본인에게 직접 정중하게 하는 것이 좋을 듯합니다. 뒤에서 수군거리면 곤란합니다. 잘못을 바르게 지적하면 충고가 됩니다. 그러나 잘못하면 비난이 됩니다. 우리가 충고를 하고 비난을 하는 목적은 같습니다. 좀 더 나은 방향으로 개선되었으면 하는 생각이 있기 때문입니다. 충고는 목적을 이룰 수 있으나 비난은 관계만 악화시킵니다.

우린 완전하지 못한 사람에 불과합니다. 완전하지 못하기 때문에 완전을 위하여 한발 한발 나아가고 있습니다. 누구나 그 과정에 있습니다. 누구나 실수를 할 수 있고 잘못을 할 수 있습니다. 한 번쯤 너그럽게 포용할 수 있는 자세를 갖추면 좋겠습니다. 물론 잘못에 대한 정확한 지적과 충고를 피해서는 안 됩니다. 가끔 홈페이지에 동료에 대한 많은 이야기가 올라오고 있습니다. 이중에 상당수는 충고나 비평을 넘어 비난으로 흐르는 경향이 있다는 생각이 듭니다. 이제 우리 모두를 위하여 칭찬과 격려로 눈을 돌려 보시면 어떨까 합니다. 우리 주변에 훌륭한 가치(?)를 가진 많은 동료들이 있습니다. 하나하나 뜯어보면 모두가 보물 같은 동료들입니다. 오늘부터 눈을 크게 뜨고 보물찾기를 해봅시다.

바쁜 하루

세상살이가 참 바쁘다. 사업가나 직장인이나 같다. 백수도 마찬가지다. 오라는 곳은 없어도 갈 곳은 많다. 어느 누구나 처자식도 먹여 살려야 하고, 자기 몸도 간수해야 하니 그럴 수밖에 없다. 하루를 시작하는 아침부터 그렇다. 세수하고 밥 먹을 시간도 없어 미숫가루로 때운다. 언제나 윗도리 걸치면서 구두를 신는다. 한발은 벌써 문밖에 나갔지만 한 쪽은 구두가 아직 발에 반만 걸려있다. 하루 종일 달릴 자동차지만 한 바퀴 둘러볼 여유도 없다. 시동을 걸자마자 출발한다. 아침부터 밀리는 도로에선 마음만 달린다. 직장에 도착해도 같다. 주차장에 내리면 종종걸음이다. 이젠 몸에 배였다. 뒷짐 진 팔자걸음은 없어진 지 오래다.

직장에선 마음이 바쁘다. 오늘 해야 할 일도 있고 어제 한 일이 잘되었는지 걱정도 해야 한다. 눈치 보기는 기본이다. 모두가 소신껏 일하라고 하지만 쉬운 일이 아니다. 적당히 아부도 해야 한다. 아무리 바빠도 이걸 빠뜨려선 안 된다. '아부는 아무리 해도 과한 것이 아니다.'라는 말이 있다. 어떤 사람들은 직장에서 아부는 교양과목이 아니라 필수과목이라고 한다. 상사 눈치만 보던 시대도 지나갔다. 이제는 동료들의 평가도 받아야 하고 후배 눈치도 추가됐다.

내 앞에 떨어진 일을 어떻게 옆으로 미룰까 잔머리도 굴려야 한다. 이때는 득실 계산이 가장 먼저다. 계산이 빠르고 정확해야 한다. 결과가 나오면 밀지 당길지를 빨리 판단해야 한다. 여기에는 과속단속이 없다. 판단엔 결단이 필요하지만 가급적 나에게 유리한 쪽으로 해야 한다. 이것이 원칙과 순리보다 앞선다. 결정하고도 잘한 것인지 못한 것인지 또다시 고민하니 뇌세포가 수십억이라지만 얼마나 바쁜가.

직장에선 내 일로만 바쁜 것이 아니다. 내 일 때문이면 할 말이라도 많지. 괜히 남의 일에 간섭해야 하니 더하다. 간혹 남의 흉도 봐야 하니 더욱더 그렇다. 이게 또 재미가 쏠쏠하다. 재미있다고 너무 많이 하면 재미 대신 주먹이나 욕이 오는 수가 있다. 이걸 잘 조절하는 것이 기술이다. 고수들은 흉보고도 욕 대신 칭찬을 받는다. 이 정도가 되려면 최소 7단은 되어야 한다. 많은 시간을 간섭과 뒷담화로 쓰니 칭찬할 시간은 항상 부족하다. 그 시간을 칭찬하는 데 썼으면 좋았을 것이다.

퇴근해도 똑같다. 술자리 쫓아다니기도 그렇다. 불려 다니는 사람은 더하다. 술자리에선 받은 술잔이 쏜살같이 돌아간다. 돌리는 방법도 여러 가지다. 마음대로 돌리기, 받은 대로, 고스톱 방향으로, 시계 방향으로, 좌익척결 우익보강 가지가지다. 그래도 원칙은 윗사람 마음이다. 빠르게 돌아가니 취하는 것도 빠르다. 취한 몸 가누자니 힘 빠진 두 다리 건사하기도 힘들다. 그래도 윗사람 앞에선 말짱한 척 해야 한다.

2차 노래방도 바쁘긴 마찬가지. 반주도 끝나기 전에 취소버튼 누른다. 점수가 나오고 팡파레 터지기도 전에 손가락은 시작버튼에 가 있다. 몸에 배어 한 치 실수 없는 달인이다. 조금이라도 머뭇거리면 "너 차례야 빨리 불러" 하고 독촉이 득달같다. 이렇게 마음이 바쁘니 노래방의 술잔은 공중에서 날아다닌다. 손에서 손으로만 움직일 뿐 테이블에 내려앉을 시간이 없다. '카~'하고 지그시 감았던 눈을 뜨면 벌써 이쑤시개에 꽂인 과일조각이 눈앞에 와 있다. 술잔은 손에서 손으로 이동하지만 테이블엔 술잔이 가득하다. 언제 그곳으로 갔는지 아무도 모른다. 술잔을 테이블로 보내는 데도 기술이 필요하다. 천정의 싸인볼도 덩달아 바쁘게 돌아간다. 손님과 술잔이 바쁘니 자기도 바쁜 줄 착각한 듯하다.

집에 가면 마누라 잔소리에 귀가 쉴 여유가 없다. 그래도 귀가 두 개라 교대로 들으니 조금은 낫다. 술 마신 핑계 만들자니 머리가 또 바쁘다. 핑계될 사람과 일을 자주 바꾸어야 하는데 매일 비슷하니 언제나 들통이 난다. 머리의 한계인 것 같다. 머리가 나쁘면 몸이 바쁘다고 하지 않던가. 나쁜 머리 굴리자니 머리에 쥐 날 정도다. 그래도 뇌세포도 취해 바쁜 걸 모르니 참 다행이다.

새벽에 잠에서 깨니 온갖 잡생각이 머리에 가득하다. 애들 걱정이 그렇다. 공부는 잘하는지 취직은 잘 될지, 아픈 곳은 없는지……. 이젠 강아지 걱정까지 해야 할 판이다. 걱정이 줄을 섰다. 걱정한다고 해서 되는 일도 아닌 것을 괜히 사서 한다. 정작 당사자에겐 간섭인데 그것도 모르고 바보같이……. 이러니 바쁠 수밖에.

멀쩡한 몸뚱어리 두고 걱정한다. 왠지 좀 피곤한데, 머리가 띵한데, 속이 더부룩한데 혹시 탈이 난 건 아닐까. 병원 가서 검사라도 해볼까. 가려니 괜히 겁도 난다. "어떻게 이 지경까지 있었어요" 라는 말이 나오지 않을까 걱정이다. 사람을 바쁘게 하는 데는 쓸데없는 걱정도 한몫을 하는 것이 틀림없는 것 같다. 정작 바쁘게 해야 할 것은 제쳐두고 쓸데없는 일로 바쁘게 산다. 세상엔 바쁜 일도 많고 생각도 많다.

그럼 진짜 바빠야 하는 것은 무엇인가? 먼저 자기 노력과 수양이고 칭찬하는 일이다. 남을 돕는 일과 나누는 일도 빠져서는 안 된다. 받는 것보다는 주는 데 바빠야 한다. 이렇게 바쁘면, 바쁘지 않고 여유가 생긴다. 마음에 여유가 있으면 언제나 고요한 평상심이 된다. 이렇게 되면 도사道士다. 요즘 도사는 구름을 부르고 축지법을 쓰지 않는다. 조금 작게 먹고 작게 싸면서 자신의 삶을 되돌아볼 줄 아는 사람일 뿐이다. 오늘부턴 조금은 천천히 사는 법을 가르치는 학교를 한번 찾아봐야겠다.

된장 속의 비곗덩어리

70년대 초 대구로 나와서 초등학교를 다녔다. 어머니는 고향에서 농사일을 하면서 우리 뒷바라지를 했었다. 시골에서 논마지기나 농사를 지으니까 풍족하지는 않지만 굶지는 않았다. 대구에서의 살림살이는 누나가 맡았다. 시집을 간 누나에게는 아들 셋과 딸 하나가 있었다. 그러니까 매형을 포함한 누나 가족 여섯과 동생인 나까지 일곱 식구가 조그마한 집에서 복닥거리며 살았다. 어머니가 농사를 지은 쌀과 잡곡, 반찬 재료들을 보내 주지만 풍족하지는 않았다. 누나는 언제나 아들딸과 친정동생을 먹이는 일이 최고의 일이었다. 조금이라도 맛있고 영양가 있는 반찬을 만들기 위해 부단히 노력을 했다. 하루 종일 홀치기 틀에 앉아서 똑딱거렸다. 그러나 홀치기 수입으로 맛있는 반찬거리를 장만하기는 역부족이었다. 누구보다도 음식솜씨가 뛰어났지만 누에 한밥 먹듯이 먹어대는 자식들과 조카의 먹성을 감당하기는 역부족이었다.

누나가 특히 잘 만드는 음식은 된장찌개였다. 된장찌개 하나만 있으면 다른 반찬은 필요가 없었다. 옆집 아주머니들도 그 맛의 비결이 무엇인지 물어왔다. 그러나 방법을 안다고 해서 맛이 나는 것은 아니었던 모양이다. 어떤 아주머니들은 재료를 가지고 와서 직접 끓여 달라고도 했다. 배추나 무시래기를 넣고 끓인 된장국은 언제나 일품이었다. 짜지도 않고 싱겁지도 않았다. 된장국인지 찌개인지 구분도 어려웠다.

항상 냄비가 통째로 밥상 위에 올라왔다. 연한 갈색 국물에 고운 고춧가루가 섞인 거품이 냄비의 한복판에 봉긋이 솟아 있다가 사그라졌다. 반투명하여 속살이 보이는 무시래기는 되살아나서 입맛을 돋우었다. 한 숟가락 뜰 때 함께 올라오는 메주콩은 씹는 식감이 좋고 고소한 맛을 냈다. 어느 날 된장찌개가 다른 모습으로 밥상 위에 올라왔다. 연한 갈색 국물 위에 노리끼리한 기름방울들이 동동 떠 있었다. 동전 크기의 큰 방울부터 조그마한 점 같은 수많은 기름방울이 냄비를 덮고 있었다. 악착같이 달라붙는 고춧가루를 테두리 밖으로 밀어내고 있는 황금빛 기름방울은 우리의 눈을 현혹시키기에 충분했다. 우리는 직감적으로 알았다. 오늘 된장찌개는 어제와는 뭔가 다르다는 것을. 둥근 밥상에 둘러앉은 우리의 눈은 된장찌개에 집중됐다.

그 순간 우리들의 숟가락이 된장찌개 속으로 들어갔다. 그리고 다시 올라오는 숟가락에는 무시래기와 된장이 먹음직스럽게 담겨져 있었다. 우리를 유혹했던 황금빛 기름방울과 함께 특식에 대한 기대감도 담겨져 있었다. 조금이라도 먼저 맛보고 싶은 생각에 우리는 뾰족하게 모은 입술로 '후~후'하고 바람을 불어 냈다. 뜨거운 된장국을 조금이라도 빨리 식혀야 먹을 수 있기 때문이다. 급한 마음에 뜨거운 된장국을 입속으로 밀어 넣자 입안은 불에 덴 것 같은 느낌이 있었지만 혓바닥이 느끼는 구수한 맛은 황홀함 그 자체였다. 뜨거움의 아픔 정도는 참고 견뎌낼 만한 가치가 있는 맛이었다. 그 정도 뜨거움은 입을 옆으로 벌리고 '스으' 하고 찬바람을 입안으로 빨아들이면 금방 식기 때문에 큰 문제는 아니었다.

우리는 밥 한 숟가락을 떠먹고, 된장 한 숟가락을 퍼먹기를 이어갔다. 옆에는 평소에 즐겨 먹던 김치와 약간의 반찬이 있었지만 그 날만큼은 거들떠보지도 않았다. 된장 하나만 있으면 그만이었다. 된장 한 숟가락을 밥그릇에 퍼 놓고 요리조리 비벼서 먹기도 했다. 밥그릇 안에서 된장과 비빈 밥은 또 다른 맛이었다. 그러던 중 누군가의 숟가락에 커다란 고깃덩어리가 담겨져 올라 왔다. 모두의 시선이 고깃덩어리에 집중됐다. 한입에 넣기에는 어려울 만큼 큰 고깃덩어리였다. 된장 색깔이 적당하게 배어 노르스름한 고깃덩어리는 보기만 해도 침이 저절로 넘어가게 만드는 것이었다. 우리의 눈을 현혹시킨 그 것은 고깃덩어리가 아니라 돼지 비곗덩어리였다.

비록 살코기는 아니었지만 우리의 입을 즐겁게 했던 맛의 원천이었던 것이다. 그래도 맛있는 것을 먼저 차지했으니 횡재를 한 것이다. 먼저 보는 놈이 임자니까. 그러나 그 기쁨도 잠시뿐이었다. "놔~" 라고 하는 누나의 한마디에 맛있게 보이는 비곗덩어리는 된장찌개 속으로 들어갔다. "내일 한 번 더 끓여야지." 하는 말에 아무도 이의를 달 수가 없었다. 내일 또다시 맛있는 된장찌개를 재탕할 수 있다는 기대감에 아쉬움을 달랬다. 지금은 버리다시피 하는 돼지 비곗덩어리지만 먹을 것이 부족하던 시절에는 귀한 것이었다.

누나는 아들딸과 동생을 배불리 먹이고 싶었지만 풍족하지 않은 살림살이 때문에 쉽지 않은 일이었다. 한 동네에서 친하게 지내는 식육점 아주머니가 부담 가지지 말고 가져가라고 말하지만 쉽게 입을 떼기가 어려웠을 것이다.

지금은 상상하기 어려운 일이다. 믿지도 않을 일이다. 어떤 사람은 '또 뻥 치는구나' 할 것이다. 돼지고기 수육이 나오면 비계는 떼어내고, 불판 위에 바싹 타버린 쇠고기가 수두룩한 세상이니까. 간혹 된장찌개를 먹다보면 그 시절의 그 맛이 생각난다. 그러나 그것은 이제 추억 속의 음식이다. 먹고 싶어도 먹을 수가 없다. 오십여 년의 세월이 지나면서 내 입맛이 변했을 것이다. 지금 노란 기름이 동동 뜨는 된장찌개가 밥상 위에 다시 올라온들 예전의 그 맛이 나지 않을 것이다. 그것보다는 끓일 사람이 없다. 그렇게 맛있는 된장찌개를 끓이던 누나는 이제 음식을 만들지 않는다. 뇌출혈로 큰 수술을 거쳤다. 다행히 건강은 회복했지만 행동이 조금은 어둔하다. 그래서 그 맛있는 된장찌개를 맛볼 수가 없다. 그러나 그 맛을 다시 보지 못하는 것보다는 건강을 회복한 것이 더 좋은 맛이다. 오래오래 그 건강을 유지했으면 좋겠다.

라면에 대한 단상斷想

신문에 '국민식품'인 라면이 K-푸드 대표에 등극했다는 기사가 실렸다. 1963년 9월 15일 처음으로 국내에서 판매되기 시작한 지 반세기 만에 세계시장을 점령한 것이다. 우리 국민들의 라면사랑도 각별해서 1인당 연간 소비량이 72개로 세계 최고다. 현재 라면가격은 제품마다 다르지만 평균가격은 634원으로 처음 판매된 63년의 10원과 비교하면 대략 60배 이상 올랐다. 지금은 국민식품이란 이름을 얻고 누구나 가장 쉽게 먹을 수 있는 식품이었지만 판매 초창기에는 대단히 귀하고 신기한 제품이었다. 라면은 이 땅에 들어온 지 얼마 지나지 않아 수천 년을 이어온 원조 국민식품인 '국수'의 아성을 무너뜨리는 괴력을 발휘했다.

꼬불꼬불한 파마머리 같은 라면은 당시 대부분의 가정에서 식량을 아끼기 위하여 먹던 국수보다는 한 수 위였다. 그러나 서민층에서는 라면을 먹는다는 것은 결코 자주 오는 기회는 아니었다. 우리 집도 마찬가지였다. 많은 식구에 라면만 먹는다는 것이 부담스러워 국수를 삶으면서 라면 한 봉지를 넣었다. 맛을 내기 위한 것이다. 다섯 개들이 덕용포장을 사서 꽁꽁 숨겨 놓고 하나씩 섞어서 끓였다. 국수와 섞여 있는 라면을 골라먹는 맛이 일품이었다. 라면 스프 맛이 밴 국수도 훌륭한 맛이었다. 우리가 먹을 수 있는 특식 중의 특식이었다. 중국집에서 사먹는 자장면이 최고 특식이었으나 감히 넘겨볼 수 없는 음식이었다.

중학교 시절에는 학교를 마치면 떼를 지어 한 친구의 집으로 몰려갔다. 우리와는 비교도 할 수 없을 정도로 부잣집이었다. 모든 것이 우리와는 달랐다. TV는 물론이고 피아노, 탁구대, 당구대 등 우리가 상상하지 못하는 것들이 갖추어져 있었다. 그 친구 집에만 가면 우리는 시간 가는 줄 몰랐다. 그러나 우리들을 불러들이는 것은 탁구대 같은 체육시설도 TV도 아니었다. 그건 라면이었다. 오후 시간이 되면 모든 친구들에게 라면이 간식으로 나온다. 우리가 저녁 한 끼로 때우는 국수에 라면을 섞은 것이 아니라 완전한 라면이다. 그뿐만이 아니다. 하얀 사기그릇에 담긴 고슬고슬한 라면 위에 노란 계란이 자리를 차지하고 앉았다. 처음에는 기절하는 줄 알았다. 주식이 아닌 간식에 계란까지 들어간 라면을 먹다니……. 도대체 얼마나 잘살기에 아들 친구들에게 이런 대접을 하는 것인가. 그 친구는 우리들의 우상과 같은 존재였다. 국물 한 방울도 남기지 않고 깨끗이 먹어 치우고 나면 우리들은 집으로 돌아가야 했다. 가정교사가 오는 시간이었기 때문이다. 더 놀고 싶은 마음은 있지만 거기까지가 우리에게 허락된 시간이었다. 우리는 결코 그 시간을 어지지 않는다. 어기면 계란을 넣은 라면을 맛볼 수 없을지도 모른다.

중학교를 졸업하고 난 이후에 그 친구를 만나지 못했다. 공부를 잘했던 그 친구와 공부와는 거리가 멀었던 우리가 만날 기회는 고등학교를 진학하면서 없어졌다. 지금은 어디서 무엇을 하고 지내는지 모른다. 라면을 먹다가 보면 그 친구 생각이 난다. 한 번쯤 만나봤으면 하는 생각도 해보지만 일부러 찾으려는 생각은 하지 않는다. 너무 오랜 시간이 지났고 지금 새로 만난들 서로 어색할 것 같아서다. 내 기억에 그는 항상 친구들을 배려해 주던 착한 부잣집 아들로 남아 있지만 그의 기억 속에 나는 어떤 존재로 남아 있을지 알 수 없기 때문이기도 하다. 그러나 믿는다. 그 시절 우리들의 우상과 같던 그 친구는 아마도 잘 살고 있을 것이다.

반지

뱀의 유혹에 넘어가 선악과를 따먹은 죄로 아담과 이브가 에덴동산에서 쫓겨났다. 그러나 두 사람은 하나님께 싹싹 빌고 난 후에 에덴동산 밖에서 결혼식을 올리고 부부로 살아가게 된다. 하나님이 주례를 보고 사슴과 노루, 토끼, 비둘기 등 많은 하객들이 참석했다. 애석하게도 뱀은 청첩장을 받지 못했다. 소문만 듣고 왔다가 지은 죄가 있어 차마 식장에는 들어가지 못하고 축의금만 살짝 내고 빠져 나왔다. 결혼식이 진행되는 동안 뱀은 아래층 식당에서 식사를 하는 것을 위안으로 삼았다.

이날 인류 최초의 결혼식에서 아담과 이브는 '서로를 배우자로 맞아 좋을 때나 나쁠 때나, 기쁠 때나 슬플 때나, 검은 머리가 파뿌리 되고 죽음이 둘을 갈라놓을 때까지 사랑하고 아끼겠다.'고 하객들 앞에서 맹세했다. 그리고 아담이 이브에게 선물을 전달했다. 아담이 이브에게 준 결혼선물은 무엇이었을까? 반지였다. 비싸지는 않았지만 화려한 꽃반지였다. 이때부터 반지는 약속의 의미가 됐다.

자신이 아닌 남을 평생 동안 행복하게 해주겠다는 약속은 대단히 중요하고 크다. 그래서 중요한 약속의 징표로 사람들은 반지를 선택했을지도 모른다. 목걸이나 팔지를 징표로 삼아도 될 텐데 반지를 선택했을까. 사람이 한평생을 살아가는 동안 가장 중요한 것 중의 하나가 약속이기 때문일 것이다. 언제나 약속은 지킨다는 전제하에 성립되는 것이다. 이처럼 중요한 약속의 징표를 가장 안전하게 언제까지나 보관할 수 있는 물건이 반지이기 때문이다. 인간의 신체구조상 가장 안전한 보관 장소는 손가락이다. 손가락에 끼고 있으면 누구도 가져갈 수 없다. 강제로 빼앗지 않는 한 언제까지나 그대로 있다. 그래서 중세시대에 귀족들은 가문의 상징인 문장紋章을 반지에 새겨 끼고 다녔다. 후계자에게 물려줄 때가 아니고는 결코 반지를 빼는 일은 없었다. 일할 때도 잠을 잘 때도 끼고 있었다. 문장을 찍을 때도 손가락에 낀 채로 찍었다.

인간은 자신이 지켜야 할 중요한 것을 가장 안전하다고 생각하는 공간에 보관한다. 그것은 돈이 될 수도 있고 사랑이 될 수도 있다. 신의도 되고 사상도 된다. 될 수 있으면 남들이 찾지 못하고 열 수 없는 은밀하고 튼튼한 곳에 감춘다. 그곳은 다락이 되기도 하고 장롱이 되기도 한다. 그래서 금고가 많이 팔리는지도 모른다. 반대로 허술해 보이는 곳에 감추어 도둑의 눈을 피하기도 한다. 도둑들도 진화해 이러한 사람들의 심리를 이용해 안전한 곳은 점점 적어지고 있다.

그러나 가장 안전한 곳은 물리적 공간이 아니라 마음이다. 아무리 검은 머리가 파뿌리가 되고 죽음이 갈라놓을 때까지 변치

말자고 약속해도 사랑하는 마음이 없으면 약속은 지켜지지 않는다. 약속의 징표인 반지를 끼고 주먹을 움켜쥐고 있어도 사랑을 지키려는 마음이 없으면 허사다. 요즘은 부부가 결혼반지를 끼고 법원에 들어서는 것은 예사다. 사랑과 약속을 물질과 징표로 지키긴 어렵다. 사랑하고 아끼는 마음이 있어야 지켜진다. 사랑은 반지에 가두는 것보다 가슴속에 두고 키우는 것이 좋다. 키우면 커지는 속성을 가지고 있으니까.

자발적 친미주의자의 변절

뒤통수를 벽에 쿵 하고 부딪치면 눈에는 불이 번쩍 하고 하늘에는 노란 별들이 뜬다. 그 별들은 우주궤도를 도는 행성처럼 타원형을 그리면서 돈다. 너무 큰 충격을 받으면 머리가 띵~하고 아무런 생각도 나지 않는다. 감당하기 힘이 든다. 누구나 살아가면서 많은 충격을 받는다. 물리적 충격은 물론 정신적. 문화적 충격도 받는다. 종류도 다양하다. 강도의 차이가 있지만 지금 이 순간에도 우리는 충격을 받고 또 극복을 하면서 살아간다. 그런 극복과정을 통하여 우리는 성숙해 간다고 할 수도 있다.

초등학교 5학년 때 받은 충격을 아직도 잊지 못한다. 당숙이 베트남전에서 돌아오면서 많은 물건들을 가지고 왔다. 그때까지 버스도 한 번 타보지 못하고 지낼 정도로 깡촌에 살았던 나의 눈에는 신기한 물건들뿐이었다. 비스킷과 땅콩 잼, 껌 등 먹을거리로 가득 찬 'C - 래이션 박스'는 신기함을 넘어 충격으로 다가왔다. '세상에 이런 것도 있구나! 말로만 듣던 미국이 정말로 좋은 나라이구나.' 하는 생각을 떨쳐 버리기 어려웠다. 그 중에서도 특히 인상적이었던 것은 셋이었다. 커피와 색연필과 휴지다.

그때 커피라는 것을 처음 보고 맛을 봤다. 누런색의 조그마한 종이봉지에 들어 있는 검은색 고운 가루는 듣도 보도 못한 물건이었다. 봉지 한쪽을 뜯으면 그 속에 들어 있는 검은색 가루는 밀가루보다 고왔다. 종이 안쪽에는 비닐이 발라져 있었다. 종이에 비닐이 붙어 있는 자체가 신기했다. 봉지 안에 물을 담아도 밖으로 번지지 않는 신기한 종이봉지는 마술을 부리는 것 같았다. 검은색의 고운 가루는 어떤 맛일까 하는 궁금증이 온 마을 사람들을 긴장시켰다. 그러나 막상 손가락으로 찍어 먹어본 맛은 기대감을 순식간에 날려버렸다. 처음 맛보는 쓴맛에 이마가 찡그려지는 순간 '퉤퉤' 하는 소리와 함께 반쯤 녹은 검은색 가루는 바닥에 흩어졌다.

그러나 분명히 먹는 음식이라고 하니 버릴 수는 없었다. 누군가 물에 타서 먹는 것이라는 말에 대접에 물을 담고 커피가루를 풀었다. 놋대접에 담긴 커피는 연한 갈색을 띠고 있었다. 물에 탄다고 해서 맛이 달라지는 것은 아니었다. 쓴맛은 여전했다. 몇 번의 시행착오 끝에 같은 모양의 종이봉지에 담긴 설탕을 넣어서 먹으면 된다는 것을 터득했다. 이후로 우리는 놋대접에 커피를 타서 마시는 문화인(?)이 되었다. 가져온 봉지커피가 다 떨어질 때까지 우리는 맑은 간장색이 나는 커피를 마시면서 가보지 못한 미국에 대한 부러움의 눈길을 보냈다.

동네 아이들은 색연필을 선물로 받았다. 그때까지 크레용을 유일하게 색칠을 할 수 있는 학용품으로 알고 있었던 아이들에게 색연필은 꿈의 필기도구였다. 검정색과 노란색, 파란색 색연필을 받았다. 그 색연필로 인하여 연필은 나무로 되어 있고, 칼로 깎아야 되는 줄 알았던 우리의 상식은 단번에 뒤집어졌다. 그런데 색연필이 나무가 아니라 종이로 되어있다. 이해하기 힘든 상황이다. 끝에 짤막한 실이 달려 있다. 뒤쪽으로 약간 잡아 당겨 흠집을 내고 손톱을 말린 종이를 풀고 조심스럽게 당기자 마술처럼 풀려 나왔다. 비스듬하게 잡아당기면 순식간에 풀려 나갔다. 꼬불꼬불한 돼지꼬리처럼 풀려나가는 종이와 함께 손끝에 토~독 토~독하고 전해지는 미세한 촉감은 환상적이었다.

미제 색연필은 우리가 쓰던 크레용과 달리 너무나 단단해 좀처럼 부러지지 않았다. 연노랑색의 색연필을 문지르면 칠한 듯 안 한 듯 연하게 종이 위를 덮어 나갔다. 밑그림이 있으면 그대로 보일 정도로 연하게 칠해져 그림을 그리기보다는 책이나 공책에 살짝살짝 칠할 때 유용했다. 한 자루의 색연필을 가지고 있다는 것은 친구들로부터 부러움을 사기에 충분했다. 덕분에 우리 마을 친구들은 어깨에 힘을 주고 다녔다. 옆 마을 아이들은 한 번쯤 빌려 쓰고 싶은 마음에 항상 우리와 친하게 지내기를 바랐다. 우린 하루아침에 색연필 한 자루를 가지고 선진문화 혜택을 누리는 문화인이 되어 버린 것이다. 가슴 속에는 자부심이 가득했다. 미국이 나에게 자부심을 심어 준 것이다.

신기한 것은 그것만이 아니다. 두꺼운 널빤지 두 개가 평행선으로 달리는 우리 집 변소에는 이상한 종이 뭉치가 등장했다. 아무리 보아도 신기한 물건이다. 종이도 아니고 천도 아니다. 종이라고 하기에는 너무나 부드럽고 천이라고 하기에는 너무 얇고 잘 찢어진다.

가운데에 원형의 두꺼운 마분지가 자리 잡고 비단결 같은 종이가 길게 이어져 있다. 술술 풀어내면 끝이 없이 풀려 나온다. 반 뼘마다 가는 점선처럼 홈이 패여 있어 당기면 한 장씩 떨어진다. 뜯어 놓으면 수백 장의 종이가 나온다. 이렇게 종이를 이어놓을 수 있다니 신기할 따름이다. 이것의 이름은 화장지라고 했다. 화장할 때 쓰는 종이인가? 그런대 왜 변소에 있지? 알고 보니 변소에서 대변보고 닦는 종이라고 한다. 세상에! 이렇게 좋은 종이를 변소에서 쓴다니 말도 안 된다.

우리는 그때 신문지나 헌책 다 쓴 공책을 잘 비벼서 화장지로 썼다. 더러는 짚을 쓰기도 했다. 짚을 사용할 때는 볼일 보는 내내 쪼그리고 앉아서 양손으로 비비고 또 비볐다. 그러다가 보드라워지면 썼다. 친구들과 딱지치기를 해서 따온 딱지는 대부분 변소에 있는 빈 양철통에 모였다. 볼일을 볼 때 한 장씩 풀어서 사용하면 아주 훌륭한 화장지가 된다. 딱지치기를 할 때는 변소에서 다시 들고 나가면 그만이다. 그 보드라운 화장지를 처음 썼을 때 느낀 촉감은 말로 표현하기 어렵다. 너무나 보드라워 닦았는지도 모를 지경이었다. 12살 소년들의 눈에 비친 미국은 신기함을 넘어 동경의 나라가 되기에 충분했다. 그때 우리는 이런 말을 했다. "미국은 정말 좋은 나라인가 봐." 옆에 있던 친구가 한마디 거든다. "그렇지, 그러니까 양놈 똥도 먹는다고 하잖아." 주위에 있던 친구들이 킥킥거리며 웃었다. 그날 이후로 나는 자발적 친미주의자가 되었다.

이제 우리는 무역 1조 달러 시대를 열었고, 세계 5위의 무역 강국을 꿈꾸고 있다. 원조를 받던 나라에서 원조를 주는 나라가 됐다. 세계에서 원조를 받다가 원조를 주는 나라로 돌아선 것은 우리가 유일하다고 한다. 그만큼 우리의 경제력이 커지고 위상도 높아졌다. 웬만한 신제품에는 눈도 깜짝하지 않는다. 원하는 것이 있으면 무엇이든 얻을 수 있다. 음식물을 구하는 것보다 남은 음식을 처리하는 것이 더 어려운 일이 되었다. 이제는 특별한 용도를 가진 물건 이외에 일상적인 생활용품으로 미제를 찾는 사람은 드물다. 한국에서 통하면 세계에서 통한다고 할 만큼 우리 제품의 품질이 좋아지고 많아졌기 때문이다. 나 역시도 이제는 미제를 찾지 않는다. 자발적 친미주의자가 변절한 것이다.

열두 살 소년을 친미주의자로 만들었던 커피와 색연필과 휴지는 넘쳐난다. 신기하다고 맛도 모르면서 마셨던 커피는 이제 건강을 위하여 끊으라는 압력을 받는다. 연필통에는 안 쓰는 필기구가 한 통 가득하다. 휴지는 용도별로 나누어서 쓴다. 사정이 이러니 자발적 친미주의자의 변절은 당연한 일일 것이다. 그러나 이처럼 부족함이 없는 물질의 풍요 속에 살고 있지만 마음은 더욱 가난하고 허전해진 듯하다. 정부 발표에 따르면 우리나라의 중산층은 65%다. 10명 가운데 7명이 중산층이라는 말이지만 그 중의 절반은 스스로 저소득층이라고 생각하고 있다고 한다. 정부기준과 국민들의 체감현실에는 큰 차이가 있는 것으로 보인다. 이 같은 물질적 풍요 속에서 살면서 스스로 가난하다고 생각하고 허전한 마음을 가슴에 품고 있는 것은 무슨 이유일까. 정말 부족해서일까. 아니면 자꾸만 자라나는 욕심 때문일까. 알 수 없는 일이다.

마누라 챙기기

인류의 역사가 시작된 이후 오랜 기간 동안 여자들은 남자로부터 많은 부당한 대우를 받았다. 농경시대 남자들의 노동력은 가족의 생계를 이어가는 절대적인 요소였다. 또한 힘은 국가와 민족을 지키는데도 필수였다. 그러다보니 남자들의 영역은 집밖으로 넓어지고 여자들의 영역은 담장 안으로 축소됐다. 오랜 세월이 흐르는 동안 이러한 생활은 큰 변화를 보이지 않고 이어져 왔다. 산업화 과정을 거치고 생활 전반에 기계화가 도입되면서 점차 남자들이 가졌던 힘의 가치는 줄어들었다. 간단한 기계조작만으로 무거운 물건을 옮기고 쌓게 되면서 남자의 역할을 여자들이 대신할 수 있게 되었다. 디지털 시대가 되면서 여자들의 역할은 더욱 커졌다. 이제는 남자들이 여자들에게 종속되고 있다. 종속보다 지배를 당한다고 느끼는 남자들도 많다. 가정에서도 대부분의 결정권은 부인에게 넘어갔다.

오랜만에 친구에게서 전화가 왔다. "야! 이번 일요일에 산에 갈래?" "응 집에 물어보고." 자연스럽게 나온 대답이다. 일요일 친구와 등산가는 것도 마누라에게 물어봐야 한다. 왜냐하면 마누라 일정에 맞추어야 하기 때문이다. 이것이 인정하고 싶지 않은 남자들의 위상이다. 집안에서 마누라가 경제권을 장악한 지는 이미 오래전의 일이고 아이들도 모두 엄마 편이다. 이제 남자들은 돈도 자녀도 자기편이 아니니 고아나 다름없다. 이러니 남자들이 위축되는 것은 당연한 일일 것이다.

요즘 나도 마누라에게 잘하려고 많이 노력한다. 좋게 보면 챙겨주는 것이고 나쁘게 보면 아부하는 것이다. 애처가라고 스스로 위로하지만 실상을 다르다. 잘못 보이면 잘될 일보단 잘못될 일이 많을 것이라는 불안감 때문일 것이다. 가끔 "나중에 늙고 힘없을 때 봅시다."라고 하는 협박을 받을 때도 있다. 현실이 이러니 예전처럼 뻣뻣하게 나가는 것은 무모한 짓이다. 호랑이 앞에 팬티만 입고 설치는 격이다.

요즘 내가 마누라에게 특별히 챙겨주는 것은 안경이다. 조만간 보청기도 성능 좋은 것으로 미리 사주려고 마음먹고 있다. 시력이 나쁘고 청력이 떨어진 것으로 오해는 하지 마시기 바란다. 안경을 쓰기는 하지만 그렇게 안 좋은 편은 아니다. 안경을 벗어도 생활에 큰 불편은 없다. 내가 안경을 챙기는 이유는 다른 데 있다.

얼마 전 마누라가 꿈을 꾸었는데 흰 수염에 풍채 좋은 할아버지가 나타나서 뭐라고 말하면서 숫자가 적힌 종이를 보여주고 홀연히 사라졌다. 잠에서 깨어나 이상한 생각에 꿈에서 본 숫자를 메모하려고 하니 잘 안되더라는 것이다. 보기는 보았는데 희미해서 끝의 두 개를 정확히 보지 못한 것이다. 3, 5, 13, 36, 3?, ??. "여보 그건 신령님이 당신에게 일러준 로또번호야. 잘 생각해봐." 다시 한 번 기억을 되살려 보라고 독촉을 해보지만 고개를 흔든다. 자면서 안경을 벗어놓고 잤기 때문에 정확하게 보지 못했다고 한다. 드디어 토요일 저녁 로또추첨시간, 기대감을 가졌지만 결국 네 개만 맞추었다.

그날 이후 혹시나 하는 생각에 마누라가 잠잘 땐 언제나 안경을 챙긴다. 혹시나 벗고 잘까 봐서다. 보청기는 왜 사느냐고요. 사람일이란 알 수가 없기 때문이다. 언제나 숫자만 보여준다고는 장담할 수 있겠는가. 다음에는 말로서 숫자를 불러주고 갈지도 모르는 일 아닌가. 잠결에 또렷하게 듣지 못하는 실수를 하는 일은 없어야 한다는 생각에서다. 보청기는 그에 대한 대비책이다. 안경과 보청기로 무장하고 잠든 마누라 얼굴을 내려다보면 걱정이 없을 것 같다. 그땐 나도 안심하고 옆에서 편한 잠을 잘 수 있을 것이다.

"신령님 오늘 저녁에 다시 한 번 보여주세요. 3, 14, 21, 31, 37, 40. 메모할 준비가 되어 있습니다."

2

잡학사전

변화와 혁신

오늘날 우리가 가장 많이 듣는 말은 무엇일까. 친절, 신속, 정확, 청렴 등등 많다. 그러나 가장 피부로 느끼는 말은 '혁신'이 아닐까. 혁신하고 변화하지 않으면 살아날 수 없다는 말까지 한다. 혁신이 지상 최고의 과제인 것처럼 말들을 한다. 중앙부처에선 모두가 혁신에 매달려 있는 것 같다. 모든 행정기관엔 혁신부서도 신설됐다. 가장 필요한 부분이라고 말하는 반면에 거부감도 많다. 왜일까. 인간은 태생적으로 변화를 거부하는 경향이 있다. 현실에 안주하고픈 본능이 아닐까. 변화는 곧 새로운 세계로의 진입을 의미한다고도 볼 수 있다. 미지의 세계에 대한 정보 부족이 두려움으로 연결되기 때문일 것이다.

우리가 죽음을 두려워하는 것도 사후 세계에 대한 정보 부족 때문은 아닐까. 그곳에 대하여 알고 있는 사람은 아직 없으니까. 수많은 사람이 그곳으로 갔지만 돌아온 사람은 없다. 두 가지 추측을 할 뿐이다. 말로 표현할 수 없는 고통만이 존재하는 지옥과 풍요와 아름다움, 기쁨만이 있는 천국이다. 변화를 싫어하는 또 다른 이유 중의 하나는 변화 후에 다가올 정확한 진로를 예측하기 어렵기 때문일 수도 있다. 어느 쪽으로 나아갈지 모르는 막연한 불안감도 있을 것이다.

평생 앞을 보지 못한 장님이 산신령님께 백일기도를 드리면 눈을 뜰 수 있다는 말을 듣고 백일기도에 나섰다. 매일 아침 깊은 산속에서 정성껏 기도를 올렸다. 눈을 뜨게 해주면 평생 산신령님을 모시고 이웃을 돕는 일을 하면서 살겠다고 약속을 했다. 산신령님은 하루도 빠짐없이 기도를 올리는 장님의 정성에 감복하여 눈을 뜨게 해주기로 마음을 먹었다. 드디어 백일기도를 마치는 순간 장님의 눈이 번쩍 뜨였다. 오랜 기간 동안 정성을 들인 끝에 뜬 눈이라 그 기쁨을 뭐라 표현할 수 없었다. 그러나 기쁨도 잠시 황당한 일이 눈앞에 벌어졌다. 집으로 돌아가려 하니 길을 알 수 없다. 어디로 가야할 지 알 수가 없다. 모든 것이 생전 처음 보는 것뿐이다. 한마디로 난감 그 자체다. 어쩔 것인가. 방법이 없다. 다시 눈을 감고 지팡이를 드니 앞이 훤하다. 백일기도 끝에 눈을 떴던 장님은 다시 눈을 감고 집으로 돌아왔다. 그리고 계속 눈을 감고 살았다.

어쩌면 이것이 변화에 대한 우리와 인식인지도 모른다. 모두가 변화, 혁신하니 따라가지 않을 수도 없고 따라가자니 적응할 수 있을지 두렵기도 하다. '갈팡질팡'이다. 그러나 변화를 두려워 할 필요는 없다. 처음은 어색하고 불편하기도 하다. 두려움을 가지는 것도 당연하다. 그러나 마음먹기에 따라 극복이 가능하고 적응도 된다. 두려워 말고 변화에 한발 더 가까이 다가가 보자. 변화는 두려워해야 할 대상이 아니다. 적응하고 극복해야 할 대상이다. 변화 앞에는 항상 새로운 세상이 기다리고 있다. 오늘부터 조금씩 변화를 시도해 보자. 변화가 없으면 혁신도 어렵다. 변화와 혁신은 형제니까. 변화와 혁신이 어려우면 변신이라도 해보자.

고수

아프리카 초원이나 밀림에선 먹고 먹히는 치열한 생존경쟁이 벌어진다. 그러나 언제나 그런 것은 아니다. 철저히 약육강식의 원칙이 적용되지만 평화가 유지되는 시간이 더 많다. 동물의 세계에서 일어나는 먹이 사냥은 생존을 위한 필요 수단이다. 생존하기 위해 약한 동물을 잡아먹는 것이다. 사냥으로 배부른 사자는 바로 옆에 다른 동물이 있어도 절대로 사냥하는 법이 없다. 그래서 초원에선 사자와 같은 맹수와 영양이나 얼룩말과 같은 초식동물이 함께 살아갈 수 있다. 동물들은 자기 배만 채우면 그것으로 만족한다. 다음에 허기가 찾아올 때까지.

그러나 인간은 다르다. 아무리 배가 불러도 사냥하고 한없이 모으려 한다. 마음속 깊은 곳엔 언제나 가득 채우려고 하는 본능이 도사리고 있다. 아흔아홉을 가진 사람이 하나 가진 사람의 것을 빼앗아 백을 채운다고 하지 않는가. 흔히들 마음을 비운다. 욕심을 버려야 한다고 이야기한다. 그러나 결코 쉬운 일은 아니다. 비우고 버리기 어려운 것 중의 하나가 돈이고 권력이다. 명예나 지위도 어렵긴 마찬가지다. 인간이 버리긴 참으로 어려운 일인 모양이다. 그러나 내공이 쌓이면 가능해진다.

강호에선 이걸 고수라 하고, 일상에선 장인이라 하고 달인이라 한다. 강호에서는 단 일합一合에 승패가 결정된다. 패는 곧 죽음이다. 그러나 고수들은 언제나 승패를 인정하고 쓰러진다. 장인들도 마찬가지다. 도공이 흠이 있는 도자기를 미련 없이 부셔버리는 것과 같다. 조금은 흠이 있어도 쓸 수 있는 것들이다. 팔면 돈이 된다. 남들은 모르는 흠이지만 미련 없이 버린다. 내공이 쌓인 고수이기에 버릴 줄 안다. 앞날을 볼 수 있고 내면을 볼 수 있는 혜안을 가졌기에 가능하다. 그렇기 때문에 자기 발전이 이루어진다. 훌륭한 요리사도 잘못된 음식을 식탁에 올리는 법은 결코 없다.

농사도 마찬가지다. 농사를 짓는 데도 버릴 수 있어야 한다. 버릴 줄 알아야 큰 농사꾼 소릴 듣는다. 요즘 농촌에는 많은 작목반이 있다. 참외작목반, 사과작목반 등등.. 회원들 간에 농사기술도 교환하고 작업도 서로 돕는다. 농사 자재도 공동으로 구입하고 판매도 함께 한다. 이런 공동 작업은 어느 작목반이나 기본으로 하는 일이다. 그러나 우수한 작목반은 조금은 특별한 점이 있다. 이들의 진가는 농산물 선별에서 차이가 난다. 여기서 빛을 낸다. 일반 작목반이 흉내 내기 어려운 과정이다.

농사꾼들의 가장 고민스러운 작업이 선별이다. 선별에선 많은 유혹을 받는다. 농사꾼에게 농산물은 자식이다. 여름 내내 사랑을 주고 혼을 불어 넣어 키웠다. 그러니 얼마나 정이 가겠는가. 고슴도

치도 자기 새끼는 곱다고 한다. 자식 같은 농산물이니 모두가 좋아 보이고 아깝다. '중품'이 '상품'으로 보이고 '상품'은 '특상품'으로 보인다. 사랑을 하면 눈에 콩깍지가 씌는 것과 같은 이치다. 상품을 특상품 상자로 넣는 일은 어렵지 않다. 그러다보니 속박이 포장이 생긴다.

이름난 작목반에선 농산물 선별방법이 조금 다르다. 서로 바꾸어서 한다. 자기 농산물 선별에는 참여할 수 없다. 다른 사람이 선별하니 정확한 선별이 가능하다. 내 물건이 아니니 욕심이 없다. 남의 눈으로 보니 정확하고 객관성이 높다. 상품으로 넣을지, 중품으로 넣을지 고민하지 않는다. 이 정도가 되면 상당한 내공이 쌓인 작목반이다. 한마디로 고수들이 모인 작목반이다. 이런 작목반의 농산물은 시간이 지날수록 단골이 늘어난다. 작목반 앞에 '우수'라는 칭호가 훈장처럼 걸린다. 욕심을 버림으로써 가능해진 일이다.

모든 과일은 꽃이 지고 나면 열매를 솎아내는 적과작업을 한다. 촘촘히 달린 열매를 보면 귀엽다. 솜털이 보송보송한 자식 같다. 이걸 솎아낸다는 건 참 어렵다. 흔히 손이 오그라든다고 한다. 이걸 솎아내지 못하면 한해 농사는 망친다. 적과는 내공이 쌓여야 할 수 있다. 큰 농사꾼은 한다. 버려야 큰 것을 얻을 수 있다는 걸 알기 때문이다. 큰 농사꾼은 달린 90%를 따서 버린다고 한다. 10%만 남긴다. 하수의 눈으로 보면 전부를 버리는 것 같다. 웬만큼 내공이 쌓이지 않으면 참으로 어려운 일이다. 그러나 90%를 버려서 100%를 얻는다. 적과에서 90%를 버릴 줄 알면 큰 농사꾼이다. 내공이 쌓인 고수다.

고수의 반열에 들어서는 시점은 언제인가. 버릴 줄 아는 시점이다. 비우고 버리는 것은 어느 것이나 같다. 비울 땐 비워야 하고 버릴 땐 버려야 한다. 버릴 수 없어 움켜잡고 있으면 전부를 잃는 경우가 많다. 하늘은 인정이 있다. 무언가를 비우고 빈 공간을 만들면 다른 것을 채워준다. 돈을 비운 자리에는 명예를 채워준다. 권력을 비우면 신뢰를 채워준다. 비우고 버리는 것은 어려운 일이다. 그러나 두려운 일은 결코 아니다. 버리지 못함은 집착일 따름이다. 버리고 비우는 것이 참으로 얻는 것이다. 영원한 소유는 없다. 그건 신의 몫이다.

황토가 굳듯 생각도…

냉장고가 없던 70년대쯤에 대구지방에는 골목을 누비는 생선 장수들이 많았다. 주로 아줌마들이 양동이에 담은 생선을 머리에 이고 다니면서 팔았다. 파티마병원 맞은편에 있는 어시장에서 생선을 받아 신천동과 신암동 일대를 다니면서 팔았다. 오전 10시쯤 되면 골목마다 "꽁치나 고등어 사이소." 하는 아줌마들의 목소리가 울려 퍼졌다. 점심시간이 가까워지고 칠성시장 근처에 다다르면 하루 장사를 마친다. 생물이라 오후까지 갈 수가 없다. 칠성시장에는 생선 가게들이 많으니 시장에서 생선을 팔 수는 없었다. 그러니 신암동 어시장과 칠성시장 중간 동네가 아주머니들의 시장이었다.

하지만 요즘은 생선을 팔러 다니는 사람은 없다. TV에서도 산다. TV홈쇼핑 채널에 들어가면 없는 생선이 없다. 고등어에서 꽁치, 조기, 가오리, 전복, 장어 등 모든 생선을 판다. 그것도 머리 자르고 내장과 뼈 빼고 살코기만 진공포장해서 집까지 배달해준다. 먹기 좋게 간도 맞추고 적당히 조미료도 쳐서…… 40년 전에 TV에서 생선을 판다고 하면 미친 사람이란 소리를 들었을 것이다. 세상이 많이 바뀌었다. 변화가 아니라 진화하는 것일 것이다. 행동이 느린 사람은 따라잡기 힘들 정도다. 생각이 느린 사람은 더욱 힘들다.

요즘 유행하는 웰빙제품 중의 하나가 황토다. 원적외선 어쩌고저쩌고 하니 너도나도 바르고 먹고 난리다. 전원주택을 짓는 사람이 황토방 하나는 마련하는 것은 필수다. 황토는 부드럽다. 입자 하나하나가 작고 약하다. 그러나 물과 배합해서 마르면 돌덩이 같이 굳어진다. 다른 촉매제가 없이도 굳는다. 굳으니 강하나 자유롭지 못하다. 정해진 용도 외에는 활용할 수 없다. 그러나 모래는 다르다. 입자가 굵다. 입자 하나가 독립되어 있고 강하다. 물과 배합해도 뭉쳐지지 않는다. 물기가 빠지면 원래의 모습으로 돌아간다. 원래의 모습이니 자유롭다. 자유로우니 쓰일 곳이 많다. 시멘트를 섞으면 건물이 되고 벽도 되고 도로도 된다.

사람도 마찬가지다. 어릴(젊은) 땐 자유로웠다. 어디에나 적응하고 어떤 말도 받아들일 수 있었다. 나이가 들수록 점점 생각이 굳어간다. 자기 생각밖에 모른다. 한번 결정하면 바꿀 생각을 못한다. 내 생각이 최상이라는 자만심에 빠진다. 그걸 본인은 경륜이 쌓였다고 하고 인생관이 확립되었다고 생각한다. 큰 착각이다. 착오는 수정이 쉬우나 착각은 수정이 어렵다. 착각에 빠지지 않는 것이 최상의 치료방법이다.

개량한복이 처음 등장했을 때 유행처럼 번졌다. 어른 아이 할 것 없이 입었다. 예술인이라고 자처하는 사람들은 대부분 입었다. 재야 운동권이나 인권운동가, 환경운동가들은 제복처럼 입었다. 처음엔

나도 많이 입고 싶었다. 그러나 이젠 아니다. 왜? 생각이 굳었기 때문일 것이다. 무늬만 인권운동가고 환경운동가인 사람들이 모두 개량한복을 입고 애국자인 것처럼 설쳐대니 언제부턴가 사이비로 보이기 시작했다. 그런 생각이 굳어지니 개량한복을 입고 싶은 생각이 없어져 버렸다. 황토가 굳어가듯 내 생각도 이렇게 굳어져 갔다. 다른 생각이 들어올 틈이 없는 것 같다. 이런 나 자신이 답답해 보인다. 그것도 많이…….

황토가 굳으면 다른 용도로 쓸 수 없듯이 사람도 생각이 굳으면 자유롭지 못하다. 폭도 좁아지고 어울리는 것도 어려워진다. 그리고 변화에 적응하지 못한다. 도태의 앞 단계다. 살아남는 길은 생각을 바꾸는 것이다. 굳은 황토를 재활용하기 위해서는 부수고 물을 부어 새롭게 반죽을 하면 되지만, 굳어가는 생각을 바꿀 수 있는 방법은 하나뿐이다. 남의 말을 많이 듣는 것이 최고다. 경청…….

산오리와 김치

명나라를 건국한 '주원장'은 어린 시절 가난으로 절에 버려져 탁발승으로 지냈지만, 산오리 한 마리로 천하를 얻었다고 한다. 주원장은 17살에 홍건적에 들어가 두각을 나타내기 시작했다. 승승장구를 거듭하다가 원나라의 장사성과 일전을 앞두고 있을 때였다. 장사성의 주력 부대를 포위하기 위해 좁은 협곡을 통과하던 중 길 한복판에 알을 품고 있는 산오리를 발견했다. 새끼 품은 짐승을 해치면 안 된다는 생각에 산오리가 부화하여 떠날 때까지 기다렸다. 대규모 병력이 협곡에서 주둔하고 있으니 당연히 적에게 탄로가 났고 전세는 불리하게 돌아갔다. 그런데 적장들이 부하들과 함께 주원장에게 속속 투항해오는 이상한 일이 벌어졌다. 생명의 귀중함을 아는 인간적인 장수라면 자신과 부하들의 생명을 맡겨볼 만하다는 판단에서다. 이렇게 해서 주원장은 장사성과의 전투에서 화살 한 발 쏘지 않고 천하를 얻었다. 촉나라의 유비가 눈물의 감성정치로 사람들을 움직인 반면에 주원장은 생명 존중의 정신으로 사람들을 움직인 것이다.

얼마 전 한일 수교와 베트남 전쟁에 대한 문서들이 전면 공개됐다. 문서 공개를 놓고 말들이 많았다. 그동안 몰랐던 새로운 사실도 알려졌다. 문서공개 중에 눈길을 끈 것 중에 하나가 김치다. 베트남전이 한창이던 1967년에 박정희 대통령이 미국의 존슨 대통령에게 우리 장병들이 김치를 먹을 수 있도록 해달라는 친서를 보냈다. 이른바 "김치친서"다. 열대 정글에서 느끼한 미군 C-레이션을 먹는 우리 장병들의 고충을 누구보다도 잘 알았기에 가능한 일이었다. "한국인은 김치를 먹어야 활력을 찾는다, 전투력 향상을 위해서도 빨리 김치를 먹게 해 달라"는 내용이다. 이것이 K-레이션의 시초다.

그때 처음으로 만들어진 김치 통조림은 기술 부족으로 요즘처럼 싱싱하고 맛있는 김치는 아니었다. 그러나 그 김치에는 병사들을 고충을 이해하는 국군통수권자의 사랑이 함께 담겨져 있었다. 김치를 처음 집어 든 병사들의 사기는 충천했다. 그 순간 김치와 병사와 조국은 하나가 되었을 것이다.

박정희 대통령은 이 땅에 세 가지의 숲을 가꾸었다고들 말한다. 하나는 수천 년을 이어온 가난의 굴레에서 벗어나게 한 공장 '굴뚝의 숲'이다. 그 굴뚝의 효과로 나타난 안테나의 숲이 두 번째의 숲이다. 그 두 번째의 숲은 많은 국민들이 스스로 중산층이라고 자부하게 만든 상징물이 되었다. 산림녹화사업을 통하여 전국의 산을 푸르게 만든 '나무의 숲'이 세 번째 숲이다. 이 세 가지의 숲이 당시 세계 최빈국이었던 한국을 희망의 나라로 만들었다. 세상 사람들은 이것을 한강의 기적이라 부른다.

박정희 대통령이 세 가지 숲을 가꿀 수 있었던 그 밑바닥에는 김치통조림에 담았던 병사들에 대한 사랑과 국민들을 가난에서 벗어나게 하겠다는 의지와 지도자의 리더십이 있었기에 가능하지 않았나 생각한다. 아직 박정희 대통령에 대한 평가는 긍정과 부정 두 갈래로 나누어져 있다. 욕하는 사람이 많은 만큼 그리워하는 사람도 많다. 2015년 한국갤럽의 '우리나라를 가장 잘 이끈 대통령' 설문조사에서 박정희 대통령이 44%로 1위를 차지했다. 요즘 그 딸이 문제다.

침묵은 금

"도둑을 맞으려니까 개도 안 짖는다." 노무현 대통령이 국회의원들과의 만찬장에서 당시 논란이 되고 있던 '바다 이야기'에 대하여 언급한 말이다. 집에 도둑이 들었는데 개가 짖지 않았다면 누구 책임일까. 책임 소재는 꼼꼼히 따져보아야 한다. 언뜻 보기에는 개의 책임이 큰 것처럼 보인다. 주인 입장에서 보면 집 지키는 것이 임무인 개가 짖지를 않았으니 이것은 직무유기가 분명하다. 직무유기는 정당한 이유도 없이 직무수행을 거부하거나 게을리하는 일이다. 죄가 매우 크다. 반드시 벌이 따른다. 자신의 직무를 소홀히 한 짖지 않은 개에게는 어떤 벌을 내려야 할까. 그러나 벌을 주기 전에 먼저 왜 짖지 않았는지 그 이유를 파악해야 한다. 소명 기회도 주어져야 한다. "주인님 저도 처음에는 잘 짖었습니다. 도둑이 와도 짖고 손님이 와도 짖었습니다. 누구든지 집 근처에 얼씬거리기만 해도 짖었습니다. 그러나 언제부턴가 제가 시끄럽게 짖는 걸 주인님이 싫어 한다는 것을 알았습니다. 그래서 저는 짖는 걸 멈추었습니다." 이것이 개의 소명 이유다.

조직사회에는 침묵 효과가 존재한다. 어느 조직이든 상관없이 크고 작음의 차이는 있으나 대부분 존재한다. 조직이 경직되고 권위주의적일수록 침묵 효과는 크게 나타난다. 시스템화된 조직보다 사람 중심으로 운영되는 조직일수록 심하다. 침묵 효과란 어떤 사안이 조직의 보고 라인을 통하여 상부로 보고되는 과정에서 부정적인 내용은 걸러지고 긍정적인 내용만 보고되는 현상을 말한다. 누가 의도적으로 시켜서 일어나는 현상이 아니다. 보고자가 특별히 의도하지 않아도 은연중에 일어난다. 보고과정에서 상사에게 부정적인 정보를 보고할 경우 돌아오는 질책을 두려워하기 때문이다. 부정적 정보에 대한 직접적인 관련자가 아닌 단순한 전달자의 경우도 마찬가지다. 부정적인 정보를 보고하는 과정에서 보고자도 같은 그룹으로 인식할 우려가 있기 때문이다. 또한 정책 결정 과정에서도 비슷한 현상이 일어난다. 논의과정에서 많은 사람들은 자신의 의견을 먼저 제시하는 것을 머뭇거린다. 혹시나 자신의 생각이 정책결정자의 의도와 다를 경우 노선이 다른 것으로 오인되지 않을까 하는 걱정 때문이다. 물론 모든 조직에서 그런 것은 아니다. 열린 조직에서는 그런 일이 없다.

당나라 현종이 안록산을 총애하여 황궁을 수시로 출입할 수 있었다. 어느 날 안록산이 양귀비와 함께 있는 것을 현종이 보았다. 그때 양귀비와의 사통설이 파다하게 퍼져 있었던 터라 안록산은 바짝 긴장했다. 잘못하면 목이 날아가는 것은 물론이고, 온 집안이 풍비박산이 날 것이 분명한 일이었다. 등줄기에 식은땀이 흐르고 있었다.

현종이 안록산을 워낙 총애하던 시절이라 이렇게 물었다. “안공, 공의 그 부른 뱃속에는 도대체 무엇이 들어 있소?” “예~ 폐하~ 소신의 뱃속에는 오직 폐하에 대한 충성심만이 가득하옵나이다.” 권모술수에 능했던 안록산의 아첨에 현종은 매우 흡족해 했다. 그러나 ‘안록산의 난’으로 인하여 현종은 아들 숙종에게 제위를 물려주는 수모를 당했고, 당나라가 쇠퇴의 길을 걷게 하는 계기가 되었다.

많은 나라의 역사에는 자신의 목숨을 걸고 충언을 한 충신들의 전설 같은 이야기가 많다. 조선 시대 사간원司諫院의 대간臺諫들이 대표적인 사례다. 이들이 목숨을 걸고 한 간언도 듣는 임금에 따라 그 결과는 극과 극이다. 받아들이면 충신이 되지만 진노하면 임금을 능멸하는 대역 죄인이 된다. 최근에는 미국의 트럼프 대통령이 취임 직후 서명한 ‘반 이민 행정명령’의 변호를 샐리 예이츠 법무장관 대행이 “이번 행정명령이 합법적인지에 대한 확신이 없을 뿐만 아니라 이를 변호하는 것은 법무부의 책임에 일치하지 않다고 생각한다.”면서 거부했다. 그러자 트럼프 대통령은 “법무장관 대행이 미국 시민을 지켜야 할 법적 의무를 거부해 법무부를 배신했다.”면서 경질했다. 미국식 대역죄인(?)처럼 되었다. 법치주의가 확립된 현대사회에서는 그런 일은 드물다.

그러나 아직도 많은 조직에서 상사에게 바른 소리를 하는 것은 쉬운 일이 아니다. 한 가지 분명한 것은 어느 조직이든 살아남고 발전하기 위해서는 격의 없는 대화가 이루어져야 한다는 것이다. 침묵효과라는 중병을 치료하는 한 가지 길은 상사의 열린 귀가 특효약이다. 우리는 흔히 ‘아부는 아무리 해도 과하지 않다.’라는 농담을 한다. 이런 농담이 살아있는 조직의 장래는 어둡다.

아름다운 사람

침어낙안沈魚落雁이란 말이 있다. 미인을 말하는 최고의 수식어다. 중국 4대 미인 중에서 '서시'와 '왕소군'에 관련된 것이다. '서시'가 연못가를 거닐 때 그 미모에 놀란 물고기들이 헤엄치는 것을 잊어버려 물속에 가라앉았고, '왕소군'이 모자를 벗고 하늘을 쳐다보자 날아가던 기러기들이 날갯짓하는 것을 잊어버려 떨어졌다는 이야기다. 얼마나 아름다웠으면 물고기와 기러기가 넋을 잃고 보다가 물에 빠지고 땅에 떨어졌겠는가.

미인이 넘쳐나는 세상이다. 거리 곳곳 어디를 가나 모두가 미인이다. 못난 사람이 하나도 없다. 외모가 경쟁력이란 말처럼 모두가 미인이 되기 위하여 발버둥치는 듯하다. 거지도 미모가 돋보여야 영업이 잘된다고 하니 누구나 손을 놓고 있을 수만은 없는 것이다. 일전에 중국에서 꽃미남 거지가 등장했다고 해서 세간의 관심을 끈 적이 있다. 이번에는 꽃미녀 거지가 거리에 등장해 사람들을 불러들이고 있다고 한다. 꽃미녀 거지 앞에 놓인 동냥그릇에는 지폐가 수북이 쌓인다고 하니 미모가 경쟁력이라는 것을 증명하는 듯하다. 미인대회에 출전하는 여성들을 상대로 인터뷰를 진행하면 대부분이 외모보다 내면의 미美를 추구한다고 대답한다. 이때 시청자들은 그 말에 얼마나 진정성을 느낄 수 있을지 알 수 없다.

진정한 미인은 어떤 사람일까요. 아름다운 사람과 예쁜 사람은 어떤 차이가 있을까요. 언뜻 보면 같아 보이지만 서로 다르다. 예쁜 사람은 부모님이 물려준 외적인 미모를 갖춘 사람이라고 할 수 있다. 즉 타고난 것이라고 할 수 있다. 반면에 아름다운 사람이란 스스로 가꾼 사람이다. 앞에서 말한 내면의 미美가 바로 자신의 노력에 의하여 가꾸어진 아름다움이라고 할 수 있다.

우리가 흔히 보는 스포츠 스타들을 한번 보자. 대부분의 사람들은 운동선수들이 아름답고 멋있다고 한다. 못생겼다고 생각되는 스포츠 스타는 없다. 그들이 미인과 미남으로 보이는 것은 특별히 얼굴이 예쁘거나 잘 생겨서가 아니다. 자기 일에 최선의 노력을 기울이고 땀을 흘리기 때문이다. 우리가 보는 것은 그들의 얼굴이 아니라 열정이 넘치는 눈빛과 흐르는 땀방울이다. 자신의 신체적 조건과 노력이 합쳐져서 아름다움이 완성되는 것이라고 할 수 있다. 노력하지 않고 땀 흘리지 않고 타고난 외모만 유지한다면 그것은 '아름다운 사람'이 아니라 '예쁜 인형'에 불과하다.

백설공주 동화 내용도 조금은 바뀌어야 할 것 같다. "거울아 거울아 이 세상에서 누가 제일 예쁘니?"가 아니라 "거울아 거울아 이세상에서 누가 제일 아름답니?"로…….

가장 아름다운 사람은 자신이 맡은 분야에서 최선을 다하는 사람, 최고를 위하여 구슬땀을 흘리는 사람이다. 오늘도 무엇인가를 이루기 위하여 열심히 일하는 당신이 가장 아름다운 사람이다.

꽃 같은 사람

꽃은 아름답습니다. 장미도, 백합도 다 아름답습니다. 아름답지 않은 꽃은 없습니다. 장미는 아름답고 호박꽃은 아름답지 않은 것이 아닙니다. 흔히 호박꽃도 꽃이냐는 말을 합니다. 호박꽃을 자세히 보세요. 진한 노란색에 먼저 시선이 고정됩니다. 이처럼 진한 노란색의 꽃은 흔하지 않습니다. 다섯 갈래로 갈라진 통꽃이 균형 잡힌 별 모양입니다.

내부를 보세요. 꽃술이 어느 꽃보다도 튼튼합니다. 벌들이 마음 놓고 꿀을 따고 뒹굴어도 끄떡없습니다. 한꺼번에 서너 마리가 들어가도 여유가 있습니다. 꽃가루는 얼마나 많습니까. 벌들이 들어가서 한번 뒹굴면 온몸이 꽃가루투성이가 됩니다. 꿀도 푸짐합니다. 벌들이 이 꽃 저 꽃 돌아다니지 않고 한두 송이만 거치면 배가 부를 정도가 됩니다. 이런 호박꽃을 아름답지 않다고 할 수 있습니까.

이름은 조금 아름답지 않지만 '개망초'란 꽃이 있습니다. 개망초가 밭에서 나면 농부들은 잡초라는 이유로 남김없이 뽑아 버립니다. 밭둑이나 제방에서 자라는 개망초꽃을 한번 보십시오. 여름이면 하얀 꽃을 피웁니다. 중앙에 노란 꽃술들이 둥근 방석처럼 촘촘히 박혀 있습니다. 잘 짜여진 양모 카펫 같습니다. 중앙의 꽃술을 따라 흰색의 꽃잎들이 방사선의 형태로 펴져있습니다. 넓은 우주를 향하여 뻗어 가려는 의지를 담은 듯 선명하게 정렬되어 있습니다. 작지만 소박하고 산뜻한 모습입니다.

이렇듯 모든 꽃들은 나름대로의 아름다움을 가지고 있습니다. 왜 모든 꽃들은 아름다움을 지니고 있을까요? 꽃이 아름다운 이유를 아십니까? 꽃은 스스로 움직일 수 없습니다. 한번 뿌리를 내리면 죽을 때까지 그 자리에 그대로 있어야 합니다. 물론 사람의 힘이 가해지면 이사를 가기도 합니다. 종족보존을 위한 수정도 당연히 남의 힘을 빌려야 합니다. 그 역할은 벌과 나비가 합니다. 그러니 모양과 향기, 꿀과 꽃가루로 유혹해야만 가능합니다.

그래서 모든 꽃들은 벌과 나비를 불러들이기 위하여 자신을 가장 아름답고 향기롭게 꾸밉니다. 언제나 최선을 다하여 자신을 가꾸기 때문에 아름다운 것입니다. 만약 대충대충 꽃을 피우고 향기를 풍기지 않는다면 그 꽃은 멀지 않은 장래에 멸종되고 말 것입니다. 항상 자신의 목표를 위하여 최선을 다하기 때문에 아름답고 그 아름다움을 이어가고 있습니다.

사람은 어떻습니까. 예쁜 사람도 있고 아름다운 사람도 있습니다.

예쁜 사람과 아름다운 사람은 차이가 있습니다. 자기 분야에서 최선을 다하는 사람은 비록 얼굴이 예쁘지는 않더라도 아름답습니다. 골프선수 '김미현'을 한번 봅시다. 언제나 최선을 다합니다.

160cm도 안 됩니다. 그러나 우리는 슈퍼땅콩이라 부릅니다. 비록 키는 작지만 우리는 그 앞에 슈퍼라는 어마어마한 수식어를 붙여 주었습니다. 어느 누구도 그녀를 작다고 하지 않습니다. 비록 육체의 키는 작지만 우리는 그녀를 크고 아름다운 사람으로 보고 있습니다.

역도선수 '장미란'도 마찬가지입니다. 무거운 역기를 들어 올릴 때 벌겋게 달아오르고 험상궂은 표정을 보면 무섭기까지 합니다. 그러나 많은 사람들의 눈에는 그 모습이 아름다움으로 보입니다. 비록 미인의 기준이라고 하는 팔등신은 아니지만 기록경신을 위해 열심히 노력하는 그 모습이 아름다운 것입니다. 자기 일에 최선을 다하는 사람은 모두가 아름다운 사람입니다. 꽃처럼……. 우리가 그들에게서 보는 것은 모습이 아니라 그들이 흘리는 땀방울에서 빛나는 영롱한 빛입니다. 꽃 같은 사람이 되면 좋겠습니다. 주변에 꽃 같은 사람이 더 많아지기를 기대합니다. 그러기 위해서는 내가 먼저 꽃 같은 사람이 되어야 할 것 같습니다.

끝없는 욕심

유학이 사회이념이던 시대의 주류는 선비들이었다. 사람들은 선비라는 말을 생각할 때는 자연스럽게 청빈을 연상하고 종교인을 생각 할 때는 무소유를 연상한다. 실제로 많은 사람들이 청빈과 무소유를 실천하면서 살다가 갔다. 그러나 현대사회에서 청빈과 무소유로 산다는 것은 참으로 어렵다. 아니 불가능하다는 말이 맞을지도 모른다. 누구나 욕심 없이 살고자 하지만 욕심 없는 삶을 이루기는 결코 쉽지 않다. 욕심이란 꼭 물질에만 있는 것은 아니다. 권력에 대한 욕심, 직장에 대한 욕심, 이성에 대한 욕심, 자식에 대한 욕심, 삶의 모든 부분에 널려 있다. 우리 속담에 '말 타면 종 두고 싶다'는 말이 있듯이 하나를 이루면 또 다른 것을 이루려는 욕심이 있다. 이것이 인간의 욕심이다. 끝이 없다.

큰아이가 사범대학을 갔다. 사범대를 가면 그냥 선생님이 되는 줄 알았다. 그러나 그 앞에 임용고시라는 벽이 있었다. 그 벽을 넘지 않고는 선생님이 될 수 없다는 것을 알았다. 수많은 사대생들이 그 벽 앞에서 실패와 좌절 그리고 도전을 계속하고 있다는 사실을 알았다. 물론 임용고시를 거치지 않고도 사립학교로 가는 길도 있었지만 그것은 더 어렵다는 사실도 알았다.

4년간의 학교생활은 임용고시에 집중됐다고 해도 과언이 아닐 것이다. 오직 한길만을 보고 왔다. 필기시험과 논술, 면접 준비할 수 있는 것은 모두 다했다. 졸업과 동시 합격은 하늘의 별따기다. 재수 삼수는 보통이다. 도서관과 학원을 오가는 것이 하루 일과다. 안거安居에 든 스님처럼 도서관에서 살다시피 했다. 의자에 엉덩이를 오래 붙이고 있는 사람이 승리한다는 생각으로 임용에 몰두했다.

이때의 소원은 단 하나다. 붙기만 하면 된다. 지역은 어디든 상관없다. 아무리 오지산골이라도 괜찮다. 막상 합격하면 생각이 달라진다. 슬슬 욕심이 생긴다. 좀 더 좋은 곳에 배치되기를 바란다. 시골보다는 도시지역을 원한다. 이왕이면 집에서 출퇴근이 가능한 곳에 배치되기를 바란다. 불과 몇 달 전 합격만 하면 된다고 하던 마음은 온데간데없다. 이것이 사람의 욕심인 것 같다.

욕심이 끝이 없는 듯하다. 하나를 이루면 그 다음을 원한다. 그리고 또 다른 욕심이 생길 것이다. 이제는 욕심을 내려놓고 초연하게 지내면 좋으련만 인간이니 어쩔 수 없이 욕심에 매여 산다. 그리곤 좋은 말로 포장한다. 욕심이 아니라 성취욕이라고……. 변명이랄까 자기 합리화일까. 뭐 그런 것 아닐까.

다름은 다를 뿐

휴일이면 산에 사람이 넘친다. 인산인해다. 왜일까. 우리가 산을 좋아하는 이유 중에 하나는 산에 나무가 있어서일 것이다. 나무가 없는 바위산엔 전문 등산인만이 찾는다. 일반인은 적다. 산에는 다양한 나무들이 있다. 소나무와 참나무 그리고 단풍나무 등 헤아릴 수 없을 만큼 많다. 소나무는 우리 정서에 맞는 나무다. 척박한 토양에서 꿋꿋이 견디는 모습이 가장 한국인을 닮았다고 한다. 한국을 대표하는 나무다. 흔히 우리는 소나무를 제외한 다른 대부분의 나무를 잡목이라 표현한다. 그만큼 소나무를 좋아한다는 표현이다. 다음은 참나무다. 이름 앞머리에 '참'을 붙인 것만으로도 짐작이 어렵지 않다. 참이란 올바르다는 뜻이다. 우린 좋은 것 앞에는 항상 참을 붙인다. 참기름, 참나리, 참교육, 참사랑, 참사람…… 단풍나무의 진가는 화려함이다. 가을철이면 단풍으로 유명한 내장산엔 나무보다 사람이 많다. 백양사 입구엔 단풍놀이 나온 차량이 홍수를 이룬다.

이들 나무는 우리가 좋아하는 것은 같지만 나무마다 특성은 각각이다. 가을이 되면 확연히 달라진다. 나무들은 가을이 되면 낙엽이 진다. 한여름 동안 자신을 먹여 살렸던 푸른 잎을 땅에 내려놓는다. 낙엽이 되어 시린 발등을 덮고 추운 겨울을 보낸다. 낙엽이 지는 것은 어느 나무나 같으나 지는 모습은 서로 다르다.

소나무는 가을이 되어도 낙엽이 지지 않는다. 언제나 푸른 옷을 입고 있는 듯하다. 그러나 나무 밑엔 언제 떨어졌는지 몰라도 낙엽이 수북하다. 아무도 소나무가 언제 묵은 잎을 떨어뜨리는지 모른다. 계절에 상관없이 스스로 떨어뜨린다. 계절의 재촉을 받지 않는다. 때가 되면 스스로 낙엽을 떨어뜨린다.

단풍나무는 가을 찬바람이 불면 한꺼번에 낙엽을 떨어뜨린다. 그 화려함을 미련 없이 떨어뜨린다. 자신의 화려함에 연연하지 않고 보낸다. 보는 사람들이 좀 더 있어 주었으면 하고 아쉬워 할 정도다. 좀 더 있으라고 부탁한다 해도 있어주지 않는다. 가야 할 때를 안다. 때가 되면 묵은 잎을 떨어뜨리지만 오기를 부릴 때도 있다. 서서히 추워지면 흔적 없이 간다. 그러나 급격한 환경 변화에 언제나 저항한다. 갑자기 서리가 오고 영하로 내려가면 그 자리에서 말라붙어 버린다. 그리곤 요지부동이다. 화려하던 고운 자태는 온데간데 없다. 마른 잎으로 버틴다. 그렇게 겨울 한 철을 다 보낸다. 대단한 오기다. 언제까지나 떨어지지 않을 것처럼…….

참나무는 어떤가. 찬바람이 불고 서리가 내려도 그대로다. 이미 모든 생기가 없어진 지 오래된 잎이지만 그대로 달고 있다. 돌아갈 때가 되었건만 그대로 버틴다. 고집인지 집착인지 모른다. 동장군이 찾아오는 것은 분명 돌아가라는 신호다. 그러나 모른 척하고 버틴다. 한겨울이 와도 그대로다. 언제까지 그대로 있을 자세다. 새봄이 되어 가지에 물기가 돌고 새순이 돋아나 묵은 잎을 밀어낼 때가 되어야 땅으로 돌아간다. 참으로 고집스럽다. 집착처럼 보인다. 무슨 집착이 그리 강한가. 그럴만한 이유야 있을 것이다. 그러나 그 이유를 우리는 모른다.

나무마다 왜 그러한 특징을 가지고 있는지 우리가 모르는 이유가 있을 것이다. 우리 인간사도 이와 비슷하리라. 사람도 모두가 다르다. 모두가 제 나름의 특징이 있다. 사람마다 좋아하는 나무가 다르듯 좋아하는 사람도 다르다. 우리는 어떤가. 누구나 자기 기준에 따라 살아가면서 남의 기준은 인정하려 들지 않는다. 나는 중국집에 가면 자장면을 자주 먹는다. 그런데 내 친구는 언제나 짬뽕을 먹는다. 이해가 안 된다. 자장면을 먹든 짬뽕을 먹든 그것은 먹는 사람의 선택이다. 이해를 하려고 할 문제가 아니다. 그냥 그걸 좋아하는구나 하면 되는 것이다. 서로 입맛이 다르니까. 나와 다른 남의 생각은 틀린 것이 아니다. 다를 뿐이다. '아 ~ 그럴 수도 있겠구나.' 하면 좋을 듯하다.

일천작 일만독日千作 日萬讀

베이비부머들의 은퇴가 시작되면서 노후준비가 사회문제로 떠오르고 있다. 부모봉양과 자녀양육을 동시에 했던 세대다. 어느 세대보다 바쁘게 살았다. 그러다 보니 준비할 여유가 없었다. 많이 답답하다. 그렇다고 자녀들이 부양한다는 보장도 없다. 노후에 대한 준비는 경제적 준비만이 아니다. 정신적 준비도 중요하다. 예전보다 훨씬 길어진 노후를 어떻게 보낼 것인가 하는 것도 큰 부담이다. 막상 퇴직하고 집에 들어앉으면 할 일이 없다. 처음 얼마간이야 갈 곳도 많고 오라는 곳도 있으니 괜찮은 편이다. 시간이 지날수록 갈 곳은 줄어들고 무료한 시간만 늘어난다. 이것이 일반적인 현상이다.

학자들은 길어진 노후생활을 잘 보내기 위해서는 일, 십, 백, 천, 만을 실천하라고 권한다. 하루에 한 가지씩 좋은 일을 하고, 열 사람을 만나며, 백(100)자의 글자를 쓰라는 것이다. 그리고 하루에 천 자의 글을 읽고 만 보를 걷는다. 이 다섯 가지를 실천하면 인간관계의 유지에서부터 지적인 활동과 육체적 건강까지 골고루 챙길 수 있다. 쉬운 일 같으나 매일 실천하기는 어려운 일이다. 나이가 들수록 어느 하나 소홀히 해서는 안 될 일이다.

얼마 전에 이것을 보고 어마어마한 계획을 세웠다. 실천할 수 있을까 하는 의문 속에서 세웠지만 어려운 일이었다. '일천작 일만독' 하루에 천 자를 쓰고 일만 자를 읽겠다는 것이다. 일천 자면 원고지 5매 분량이다. 매일 쓴다는 것이 과연 쉬울까. 어렵다. 그 만한 소재를 찾기도 어렵고 글 솜씨도 모자란다. 그래도 해본다. 띄엄띄엄 쉬어가면서……. 일만독도 결코 쉬운 일은 아니다. 가까이는 가기는 가고 있지만 많은 분량을 신문으로 때운다. 그래도 일만독 가까이 가려고 노력 중이다. 앞으로는 신문보다는 책에서 일만 자의 글자를 주우려고 한다. 일 년 동안만이라도 실천하면 많이 달라질 것이란 기대감으로 하루하루를 보낸다.

개미

비가 그친 휴일 오후 앞산에 올랐다. 작지만 가파른 산이라 숨이 찼다. 정상에서 적당한 몸 풀기를 하고 내려오려던 중에 바쁘게 움직이는 무엇인가를 보았다. 개미들이었다. 내 눈에 보이지는 않지만 아마도 개미들의 눈으로 보면 땀을 뻘뻘 흘리면서 일하는 것 같은 모습이었다. 모두가 바쁘게 움직이고 있었다. 누구의 지시를 받아서 일하는 것처럼 질서정연하게 움직이고 있었다. 비가 올 것에 대비해 막았던 굴 입구를 다시 파내고 있는 듯했다. 굴 입구에는 보드라운 흙더미가 수북이 쌓여 있었다.

유심히 관찰하다 보니 모두가 같은 모습은 아니었다. 바쁘게 움직이지만 다른 점이 보였다. 흙 알갱이를 물고 나오는 놈, 지푸라기를 물고 들어가는 놈, 자기 몸집보다 더 큰 나뭇잎 조각을 둘이서 끌고 가는 놈, 주변을 서성이는 놈 등 모두가 각양각색의 모습으로 움직이고 있었다. 어떤 놈은 일하는 것처럼 어떤 놈은 노는 것처럼 보인다.

개미들 사회에도 재미있는 현상이 있다고 한다. 모든 개미들이 열심히 일하는 것처럼 보이는데 실상은 그렇지 않다고 한다. 20% 정도만 열심히 일하고 80%는 건성건성 일하거나 전혀 일하지 않고 놀기만 한다는 것이다. 과학자들이 그 이유를 알기 위하여 열심히 일하는 20%의 개미들만을 한데 모아 새로운 집단을 구성하는 실험을 해보았지만 마찬가지 결과가 나왔다. 처음에는 모든 개미가 열심히 일했지만 얼마 후에 또다시 20 대 80으로 나누어졌다. 과학자들은 이걸 파레토의 법칙이라고 한다. 노는 개미만 한데 모아도 똑같은 결과가 나온다. 모두가 일만 하거나, 놀기만 한다면 그 집단을 오래 존속할 수 없기 때문이라고 한다. 열심히 일하는 개미가 지치면 놀던 개미가 그 자리를 대신하는 것이다. 일종의 보충병인 셈이다.

사람도 마찬가지다. 직장에서 평생 일만 한다는 소리를 듣는 사람이 있다. 일벌레라고 하고 일 중독이라고도 한다. 반면에 빈둥빈둥 노는 것처럼 보이는 사람도 있다. 주변에서 사고만 치지 말고 가만히 있어 주는 것이 도와주는 것이라고도 한다. '콩나물도 누워서 크는 놈이 있다.'면서 인정하고 넘어 가기도 한다. 집단생활을 하는 동물의 세계에서는 어디에서나 있는 현상이다. 사람이나 동물이나 크게 다르지 않다.

이러한 일들을 너무 비난만 할 일만은 아니다. 빈둥거리는 것처럼 보이는 사람도 필요한 경우도 있다. 그저 열심히 일만 하는 사람이 해결하지 못하는 일을 이들이 시원하게 해결하기도 한다. 특히 사람을 상대하면서 꼬인 일을 풀어내는 데 특별한 능력을 보이는 경우가 많다. 그뿐만이 아니다. 직원일 때는 누구보다도 일을 잘하던 사람이 간부가 되면서 헤매는 경우가 있다. 그 반대의 경우도 많다. 그래서 인사권자들은 정기인사철이 되면 인력배치 문제를 두고 고민을 한다. 모든 사람을 적재적소에 배치하기는 어렵다. 혹자는 '시켜보지도 않고 그 사람은 그 자리에 맞지 않다.'고 예단하는 것은 잘못이라고 한다. 누구나 자신의 능력과 적성에 맞는 자리에 배치되면 새로운 모습을 보여 줄 수도 있다.

과연 나는 얼마나 열심히 일하고 어느 분야에 맞는지 스스로 점검해볼 필요가 있다. 그 답을 찾아내고 그쪽으로 방향을 잡으면 먹고 논다는 소리는 듣지 않을 것이다. 아니 유능하다는 말을 들을 것이다. 그러면 열심히 한다는 이상의 평가를 받을 수 있을 것이다.

일은…

인간은 누구나 출생에서 사망이 이르기까지 한평생을 일하면서 산다. 일을 통하여 자신의 생명을 유지하는 에너지를 얻고 보람도 얻는다. 이것이 인간이다. 물론 아주 어린 시절과 늙고 병들어 스스로 움직일 수 없는 의존수명 기간은 예외다.

성경 말씀에 "일하지 않는 자 먹지도 말라."고 했다. 불가의 생활규범인 백장청규에서도 一日不作, 一日不食일일부작 일일불식이라 하여 하루 일하지 않으면 하루 먹지 말라고 했다. 지구상에 있는 수많은 민족의 속담 중에서 이런 말이 없는 민족은 드물다. 드문 것이 아니라 없다고 해도 크게 틀리지는 않을 것이다. 일이 우리 인간 생활에서 차지하는 비중이 크기 때문일 것이다. 그러나 아이러니하게도 우리는 일하는 것을 싫어한다. 어떻게든지 적게 하고, 하지 않으려 한다. 일은 곧 노동이요 고통이란 인식 때문인지도 모른다.

일의 일차적 목표가 개인의 생존수단이라는 면에서는 같다. 마지막 목표는 서로 다르다. 부와 권력, 명예 등 개인에 따라 다르다. 일의 결과를 차곡차곡 쌓아 놓은 것을 흔히 그 사람의 능력이라고도 한다. 누구나 자신의 목표달성을 위하여 나름대로의 방식으로 일을 한다. 하지만 자기의 목표달성이 넓게 보면 사회를 위해서 기여한 것이다. 그러나 자기의 성취 목표에만 너무 집착하다 보면 오히려 일을 그르치는 경우도 생긴다. 일의 성취와 목표에 너무 얽매이지 말고 적당히 풀어놓을 줄 아는 사람이 현명한 사람이라 할 수 있다. 이렇게 중요하고 한편으론 싫어하는 일을 우리는 어떻게 하고 있는가.

대략 세 가지 유형으로 나뉜다. 가장 많은 것은 의무형이다. 자신과 가족의 생계유지를 위하여 의무적으로 일하는 것이다. 일은 단지 자신과 가족의 생계수단이다. 이럴 경우 하던 일을 그만둔다고 하면 가장 먼저 생각하는 것이 '뭘 해서 먹고 살까' 하는 의문이다. 실직을 하면 본인은 물론 가족까지 당장 죽을 것처럼 허둥거린다. 대체적으로 사명감이나 성취감보다 일에 대한 압박감이 많다.

다음은 욕심형이다. 일이 생계수단이지만 남보다 많이 하고 많은 성과를 거두는 데 목표가 정해진 듯하다. 많이 하고 많이 거두어야 직성이 풀린다. 오로지 일하기 위해 태어난 사람 같다. 일벌레라는 소리를 듣기도 한다. 경쟁심이 강한 부류다. 남이 하기 싫어하는 일도 도맡아서 한다. 그 결과로 부를 축적하고 보다 좋은 지위를 얻는다. 일의 양量으로 승부하는 스타일이라고 할 수 있다. 좋은 말로는 의욕형이다. 일에 대한 스트레스가 많고, 실패할 경우 좌절감에 빠지기도 한다.

다음은 성취형이다. 일을 통하여 성취감과 보람을 얻는다. 어떤 목표가 정해지면 대부분 완수한다. 일이 주어지기를 기다리기보다 스스로 만들어서 한다. 많은 아이디어를 많이 갖고 있어 새로운 기획에 능하다. 일에 대한 대가代價보다는 자기만족을 우선한다. 일을 통하여 즐거움을 찾는다. 성과에 대한 욕심 대신 전 과정에 의미를 부여하기 때문이다. 재미를 느낄 줄 안다. 일과 생활이 하나로 되어 생활 자체가 곧 일이다. 성취감과 보람으로 하니 스트레스를 받지 않는다. 항상 즐거운 마음으로 하니 성과는 자연스럽게 따라오고 주변 사람도 편하다.

우리는 한평생을 일을 하지만 어느 한 가지 스타일만으로 할 수는 없다. 단순한 의무감만으로 한다면 그건 기계에 불과한지도 모른다. 물론 세 가지 모두가 적당한 조화를 이루면 좋지만 현실적으로 어렵다. 그러나 노력하면 어느 정도는 가능할 것이다.

어차피 하는 일이라면 즐거운 마음으로, 성취의 보람을 느끼면서 하면 좋을 듯하다.

태풍과 시련

태풍이 온 나라를 쓸고 지나갔다. 한번 오면 많은 피해를 안겨주니 누구나 올해는 태풍 없이 지나갔으면 하는 생각을 한다. 태풍의 중심엔 언제나 강한 바람이 있다. 옆구리에는 항상 비를 끼고 다닌다. 센 입김으로 바람을 불어 나무를 부러뜨리고 간판들을 날려 버린다. 좀 더 심술궂으면 집들도 날려 버린다. 키 큰 나무들을 흔들어대면 사람들의 마음도 함께 흔들린다.

우리 인간사에도 수많은 태풍이 지나간다. 크게 올 때도 있고, 잔잔하게 올 때도 있다. 어떤 때는 바람과 비와 우박까지 섞여서 오기도 한다. 그러나 언제나 나에게 오는 태풍이 가장 크고 센 것처럼 보인다.

태풍이 불면 가장 먼저 피해를 보는 사람은 어부들이다. 태풍이 오면 어부들은 바다에 나갈 수가 없다. 당연히 고기를 잡을 수 없다. 생업인 고기잡이를 며칠씩 쉬어야 하니 답답하다. 가장 소중한 재산인 배를 통째로 뒤집기도 한다. 그러나 태풍을 기다리는 사람도 있다. 그 중에 하나가 어부다. 조금은 아이러니다. 태풍의 가장 큰 피해자 중에 하나인 어부가 태풍을 기다린다니 이상하지 않는가. 어부들이 태풍을 기다리는 이유는 태풍이 불어 바닷속 깊은 곳까지 뒤집어 놓으면 산소가 풍부해지고 플랑크톤이 많아져 물고기들이 많이 몰려든다. 태풍이 지나면 풍어로 연결되기도 하기 때문이다. 그래서 어부들은 태풍을 기다린다.

인간사에 다가오는 태풍과 비바람을 우리는 역경이라고 한다. 모든 역경에는 양면성이 있다. 모두가 좋은 것도 아니고 모두가 나쁜 것도 아니다. 항상 좋은 것과 나쁜 것이 함께 있지만 우리의 눈이 밝지 못해 두 가지 동시에 볼 수 있는 능력이 조금은 부족하다. 나쁜 일 뒤편에 숨어 있는 좋은 일을 볼 수 있는 눈을 가질 수 있다면 세상살이가 조금은 편해질 것 같다. 하느님이 인간을 시험에 들게 할 때는 언제나 극복 가능한 시련만 준다고 하니 마음먹기 나름이 아닐까 한다.

동전에 양면이 있듯 행복과 불행은 항상 같이 있다. 불가에서는 행과 불행은 교직이라 한다. 베틀에서 베를 짤 때 가로실과 세로줄이 겹쳐져야만 천이 되듯 날줄이 행이면 씨줄은 불행이라고 보는 것이다. 이런 말도 있다. 불행은 꼬리를 물고 온다. 다가온 불행을 불행이라고만 생각하고 헤쳐 나가지 못할 때 맞는 말이다. 아마 불행이 꼬리를 물고 오는 것은 하느님이 조금 뒤에 좀 더 큰 행복을 주기 위함일 수도 있지만 우리는 그걸 보지 못한다. 태풍이 우리에게 시련만 주는 것처럼 보는 것과 같다고 할 수 있다. 양면을 함께 볼 수 있는 시력을 만들어 나간다면 세상이 달라 보이지 않을까 생각된다. 자연재난인 태풍은 피해라는 인식처럼 세상살이에서 시련은 불행이라는 인식에서 벗어난다면 행복을 맞이하는 문이 될 것이다.

인공강우

전 국토가 메말라가고 있다. 지난가을 이후 비다운 비가 오지 않았다. 고지대인 강원도와 도서 지역에선 식수공급이 끊긴 지 오래됐다. 주민들은 급수차가 실어주는 물에 의지해 생활하고 있다. 견디다 못해 전국의 자치단체와 기업들에게 식수를 보내달라고 도움을 요청하는 지경에까지 이르렀다. 이제 물 부족 현상은 일부 지역에 국한된 일이 아니다. 계속되는 가뭄이 봄까지 이어진다면 더 많은 지역이 식수 부족에 직면하게 될 것이다.

우리는 아프리카 오지의 어린 소녀들이 낡은 깡통을 머리에 이고 두세 시간 거리에 있는 우물에서 물을 길어오는 다큐멘터리 영화를 흔히 본다. 깡마른 체구로 물을 길어오는 소녀들을 보면서 '물 걱정 없이 살아가는 우리는 참으로 다행이다.'는 생각을 한다. 그러나 이제 그런 일이 남의 일만은 아닌 것 같다. 우리나라도 유엔이 정한 물 부족 국가 중의 하나다. 지금까지는 물을 물 쓰듯 해왔지만 이제

물 쓰듯 한다는 말을 함부로 하기는 어려울 것 같다.

올해도 전국이 바싹 메말라 있다. 당장 가뭄을 해소할 만한 비 소식은 없고 오월까지 계속될 것이란 장기 예보만 나오고 있다. 그 예보가 틀리지 않으면 더 많은 지역이 물 부족으로 고통 받을 것이다. 물 부족이 올 한 해로 끝난다면 큰 다행이지만 불행히도 해가 갈수록 더 심해질 것으로 보인다. 가뭄이 심해지면 메말라가는 대지만큼이나 사람의 마음도 말라간다. 사람도 가뭄을 타는 것이다. 당연히 인심도 사나워진다. 물을 확보하기 위한 지역 간의 대립도 표면화되고 있다. 이미 일부 지역 간에 식수원인 강물을 두고 서로 대립하는 일이 벌어지고 있다.

길어지는 가뭄과 물 부족을 해결할 방법으로 크게 세 가지를 들 수 있다. 가장 쉽게 할 수 있는 방법은 절약이다. 가정에서 절수운동을 생활화함으로써 물 부족을 최소화할 수는 있지만 근본적인 해결 방법이 될 수는 없다. 산간 계곡에 중소형 댐을 많이 건설하는 것도 방법 중의 하나다. 더 많은 댐을 만들고 저장해 갈수기에 활용하면 당장의 물 부족 사태는 막을 수 있다. 그러나 이 방법도 많은 어려움이 있다. 환경 훼손을 걱정하는 시민단체와 지역 주민의 반대에 직면할 수 있고 강우량이 줄어드는 것에 대한 대책으로는 부족하다. 이러한 현실에서 장기적으로 검토해야 할 방법 중의 하나가 인공강우다. 실험단계에 있지만 투자를 확대해 실용화를 앞당겨야 할 것이다. 물론 해결해야 할 과제도 많을 것이다. 이미 미국과 중국은 실용화 단계에 들어가 있다. 우리가 축적한 첨단기술을 총동원하면 그 시기를 크게 앞당길 수 있을 것이다. 절약하고 가두는 방법도 좋은 방법이지만 갈수록 줄어드는 강수량에는 한계가 있을 수밖에 없다. 늦었다고 할 때가 가장 빠르다는 말이 있다. 우리의 인공강우 실험 다소 늦은 감은 있지만 지금이라도 서둘러야 할 것이다. 인공강우가 성공한다면 매년 봄에 극성을 부리고 있는 산불방지에도 큰 도움이 될 것이다. 그땐 지방의 공무원들도 마음 편하게 진해 벚꽃놀이를 다녀올 수 있을 듯하다.

마이더스의 손

'미국의 경제를 좌우하는 것은 유태인이다.' 이 말은 세계 경제를 주무르는 민족은 유태인이라는 말과도 통한다. 그런데 언제부터인가 그 힘이 중국인들에게 넘어갔다는 말이 있다. 중국에 가서 중국인들의 경제에 대한 애착과 경제 가치를 창출하는 능력을 보면 이유를 조금은 알 수 있게 된다. 중국 서부지역을 여행할 기회가 있었다. 서부대개발계획에 따라 서부지역은 많은 개발사업이 진행되고 있었다. 대도시에는 초고층 빌딩이 신축되고 시골에는 많은 주택들이 식당과 상가로 변신하고 있었다.

서안에서 출발하여 돈황, 투루판, 우루무치를 거치는 동안 단편적이나마 중국인의 탁월한 상술을 조금은 본 것 같다. 그리고 유태인들로부터 세계 경제의 큰손을 물려받은 것이 지극히 당연하다는 생각도 해보았다. 그만큼 중국인들은 적극적이었다. 물론 일 주일이라는 짧은 기간에 보고 느낀 단편적이고 자의적인 판단인지도 모른다. 사회주의 경제에서 개방경제로 전환한 지 얼마 되지는 않았지만 그들이 가진 모든 것을 돈으로 바꾸는 특별한 재주를 가졌다고 느꼈다. 마치 모든 것을 황금으로 만드는 마이더스의 손처럼…….

관광지나 기념품 매장에 들어서면 먼저 느끼는 것은 물건을 팔고자 하는 종업원들의 적극성이다. 매장에 들어서면 대다수 관광객들은 종업원들의 맨투맨 식 판매전략과 마주친다. 15억 명으로 추정되는 무한한 인적자원이 있으니 가능하리라. 종업원들의 판매전략은 끈질기다. 손님이 싫다고 하거나 물건에 관심을 가지지 않는다고 판단될 때까지 계속 판매를 시도한다. 비싸다고 하면 비싼 이유를 설명하기보다 얼마를 주고 싶으냐고 흥정이 들어온다. 흥정은 수차례 계속된다. 백 위엔에서 시작하면 90위엔, 80위엔 계속 내려온다. 구매자들이 이 정도까지 내려오나 하고 의아해할 정도로 내려온다. 그만큼 그들은 적극적이고 흥정의 명수다. 돌아서서 매장을 나오면 다시 한 번 다가와서 옷깃을 잡아당긴다. "양거" 하면서 한 번 더 잡는다. 그 돈에 두 개를 주겠다는 말이다.

투루판에 있는 '고창고성'을 갔을 때 자전거를 타고 다니며 10위안짜리 방울을 파는 어린 소녀를 보고 우리는 놀랐다. 고창고성은 입구에서 유적지까지 약 10분 정도 걸리는 거리를 당나귀가 끄는 수레를 타고 들어간다. 수레에는 7~8명이 탈 수 있다. 입구에서 만난 소녀는 방울을 흔들고 10위안을 외치면서 방울 팔기에 열중이다. 일행이 모두 수레를 타고 고성으로 출발하자 잽싸게 자전거를 타고 따라온다. 따라오면서도 계속 방울을 흔들고 우리 쪽으로 방울 사라는 눈짓을 보낸다. 고성에 도착하고 우리 일행이 내려서 고성을 돌아볼 때는 어떠하겠는가? 거기서 그치면 다행이다. 우리가 되돌아오기 위해 수레를 타면 또다시 자전거를 타고 열심히 따라온다. 이때 우리 일행이 하는 말은 모두가 같다. “대단하다.” 서너 명은 그 열성에 감동하여 방울을 샀다. 또 다른 소녀는 말 한마디 없이 방울을 판다. 위그루족 특유의 복장과 포즈로 사진 모델이 되어주고 물건을 판다. 말 한마디 없어도 파는 기술이 능수능란하다.

중국의 관광지를 가면 어느 곳이나 관광객이 돈을 쓸 수밖에 없도록 만들어 놓았다. 모든 유무형의 유물에 경제적 가치를 부여해 놓고 있다. 서안을 찾는 관광객이면 누구나 빠지지 않고 찾는 곳이 있다. ‘진시황릉’과 황릉을 지키는 ‘병마용갱’이다. 입구에 들어서면 황릉을 처음 발견하여 유명세를 타고 있는 ‘양지발’이라는 노인이 관광용 책자에 서명을 해주고 있다. 서명을 한 책자는 2배 정도 비싸다. 그래도 대다수가 비싼 책을 산다. 병마용갱 한쪽 모퉁이를 돌아가면 또 다른 노인이 책자에 서명을 해주고 있다. 의아해하는 관광객에 대한 가이드의 변명 아닌 설명이 가관이다. 이 할아버지는 양지발 노인이 처음 발견할 때 옆에서 거들어 주던 할아버지란다. 또 저쪽에 서명해주는 할아버지는 양지발 노인의 사촌이란다. 모두 그냥 웃고 만다. 부가가치를 높이는 기술이 탁월하다.

진시황릉에 오르면 황금빛 찬란한 황제의 복장을 갖추고 사진을 찍을 수 있게 해준다. 물론 유료다. 많은 사람들은 여기서 사진을 찍고 잠시나마 황제가 된 기분을 느낀다. 병마용갱의 발굴도 서두르지 않는다. 일부만 발굴되어 있다. 현재까지 발굴된 유물만으로도 관광객은 넘친단다. 유물의 발굴은 항상 관광자원화와 연계되어 있는 듯하다. 좀 과장하면 병마 하나를 발굴해도 한 번에 모두 발굴하지 않는다. 먼저 머리를 발굴해서 관광객을 끌어 모은다. 한참 세월이 흐른 후에 몸통을 발굴한다. 이때 세상의 이목을 끌어 다시 한 번 관광객을 끌어들인다. 그리고 한참 후에 꼬리를 발굴한다. 매사가 이런 식이다. 각 단계를 거치면서 최대의 부가가치를 올린다. 그만큼 고단수라고 봐야 하지 않을까. 기차역에 들어서면 대합실과 개찰구 사이에 TV 시청실을 만들어 놓고 2위안을 받는다. 시청자들에게는 기차에 먼저 승차할 수 있는 특혜를 준다.

동양 최대의 미인 '양귀비'가 당나라 현종과 사랑을 나눈 곳이 '화청지'다. 화청지에 가면 많은 관광객이 한 번쯤 들리는 곳이 있다. 특히 여자들이 많이 찾는다. 역사적 유물도 아니고 고가품도 아니다. 그냥 단순한 수도꼭지만 여러 개 달아 놓고 손 씻고 세수하도록 만들어 놓은 것이다. 수도꼭지에서 온천수가 흘러나온다. 이 물이 양귀비가 목욕하던 물이란다. 여기서 세수하고 손 씻으면 양귀비처럼 예뻐진단다. 예뻐진다는데 어느 누가 그냥 지나치겠나. 우리 돈으로 50원이면 된다. 오늘도 화청지에 가면 1200년 전의 보이지 않는 양귀비를 데려다 놓고 물을 팔고 있다. 가는 곳마다 기발한 아이디어로 돈을 벌고 있다. 중국 사람들은 유물이든 역사 속 인물이든 관광 자원화하는 데 뛰어난 재능을 가지고 있다. 그들은 마이더스의 손을 가진 듯했다.

중국의 눈

중국 서부지역을 여행하다 보면 참 넓다는 생각을 하게 된다. 한국인들이 가지 않는 곳이 없지만 아직 중국 서부지역은 아직 그렇게 많은 것은 아니다. 실크로드를 따라가는 스님들의 성지순례와 학술연구를 위해 찾아가는 학술단체가 간혹 있을 뿐이다. 중국 서부지역 여행의 출발지는 시안이다. 시안은 '주나라' 이후 '당나라' 등 13개 왕조의 수도였다. 실크로드의 출발지인 시안에 접어들면 도시가 망망대해와 같은 푸른 초원 위에 떠 있는 것처럼 보인다. 비행기 안에서도 지평선이 보일 정도로 넓다. 말로만 듣던 지평선이다. 그 광활함에 기가 질린다. 양 사방 어디도 산은 없고 초원만 있다.

양귀비와 당 현종이 사랑을 나누었다고 유명한 '화청지'가 있는 '여산'이 유일한 산이다. 대부분 밀과 석류가 재배되는 넓은 땅을 보면 앞으로의 세계 경제는 중국이 좌우할 것이란 말을 실감할 수 있다. 탄력이 붙어 달리는 중국의 경제를 다시 한 번 상상해 보고 그때 우리는 어떻게 대응해야할 것인가 하는 생각을 하면 왠지 알지 못할 전율을 느낀다. 겁이 난다는 말이 더 맞을 듯하다. 그리고 중국인의 대륙적 기질은 여기에서 생기는구나 하는 막연한 생각이 든다.

공항을 나서면 초대형 광고판이 여행객의 기를 꺾는다. 대륙적 기질답게 우리나라 고속도로 변에 있는 광고판의 대여섯 배는 된다. 그러나 정작 우리를 놀라게 하는 것은 외형상의 크기가 아니다. 보다 크게 생각하고 한 수 멀리 준비하는 중국의 눈이다. 시안 시내로 들어가는 도로를 달리다 보면 좀 색다른 광경이 있다. 일직선에 가까운 4차로의 도로 양편에 늘어선 버드나무 띠다. 아직 2~3년 정도밖에 안 되어 보이는 어린 버드나무가 도로 양편 경계선으로부터 4~50m의 거리를 두고 2~30m 정도의 폭으로 끝없이 이어지고 있다. 물론 모든 도로변에는 가로수가 별도로 심어져 있다.

나무를 심은 목적이 내내 궁금하다. 그러다 어느 순간 '아! 저건 가로수다. 동시에 방음벽이다.' 하는 생각이 스쳐간다. 훗날 도로확장에 대비하여 충분한 공간을 두고 가로수를 심은 것이다. 먼 장래에 대비하는 중국인의 준비성과 여유의 한 면을 보는 듯하다. 심고 옮기기를 반복하는 우리와는 다르다. 오늘 도로를 포장하고 내일 상수도를 묻고, 또다시 통신케이블 묻기를 반복하는 우리의 안목과는 다르다. 멀리 내다보는 이것이 중국의 힘인 것 같다. 물론 주체할 수 없을 정도로 넓은 땅이 있으니 가능한 일이다. 우리와는 비교하지 못할 여건의 차이가 있는 것도 사실이다. 넓은 땅만큼 멀리 볼 수 있는 눈을 가진 나라 중국. 진정한 중국의 힘은 여기서 나오는구나 하는 생각이 든다. 부러움보다는 두려움이 앞선다.

사막의 잉어찜

여행에서 가장 인상 깊게 느낀 것은 무엇일까. 아마도 생각하지도 못한 곳에서 생각하지 못하는 일을 만날 때일 것이다. 상상력이 미치지 못한 일은 무엇일까. 중국 타클라마칸사막의 오아시스인 투루판에서 생각하지 못한 만났다. 투루판은 실크로드의 요충지다. 오래 전부터 서역의 정치, 경제, 문화의 중심지 역할을 하고 있다. 위구르어로 '파인 땅'이란 뜻이다. 중국에서 가장 낮은 땅이다. 연간 강수량이 16mm에 불과한 곳이다. 증발량은 그 100배나 된다. 여름에는 너무 더워 화주火洲라고 불려진다. 우리 상식으로 볼 때 도저히 사람이 살지 못할 것 같은 곳이다. 그런데 이런 최악의 조건을 갖춘 곳이 인구 50만 명이 살고 있다. 결코 적지 않은 도시다. 그런데 이곳이 인간의 의지로 만들어진 오아시스라고 생각해 본 적이 있는가? 투루판에 가본 사람이라면 이곳이 믿기 어렵지만 인간의 손으로 만들어진 도시라는 인상을 받게 된다.

고대 중국의 역사를 바꾼 3대 공사가 있다. 중국의 동서를 횡단하는 만리장성과 남북을 잇는 대운하가 있다. 나머지 하나가 '카알정'이다. 카알정이란 천산의 눈 녹은 물이 지하로 스며들어 타클라칸사막을 거쳐 낮은 쪽으로 흐르는 것을 투루판 분지로 끌어오는 수리시설이다. 사막 밑을 흐르는 지하수를 땅 위로 끌어올리는 시설이다. 투루판에는 무려 1,237개의 카알정이 있다. 총 길이는 5천km라고 한다. 카알정과 카알정 사이를 지하 통로로 연결시켜 물을 끌어오고 있다. 카알정의 깊이는 얕은 것은 1m 미만이다. 그러나 가장 깊은 것은 90m라고 한다. 보통 카알정은 3~8km 간격으로 설치되어 있다. 최고로 긴 것은 70km다. 그 긴 거리를 곡괭이로 흙을 파고 바구니로 날랐다. 그 거리가 무려 5천km다. 상상이 안 된다.

사막에서 살아남으려는 인간의 의지가 만들어낸 작품이다. 그 덕분에 투루판 어디를 가더라도 수로에 물이 넘친다. 포도밭에도 물이 흐르고 집 앞마당에도 물이 흐르고 있다. 신이 하늘에서 비를 내려 보내는 것을 잊어버려 미안한 마음에 땅속으로 물을 보낸 걸 인간들이 알았나 보다. 그걸 땅 위로 끌어 올렸다. 2천 년 전에 한漢나라 사람들이 고생한 덕에 오늘날 투루판 사람들이 오아시스 그늘 아래서 풍요로운 생활을 하고 있다. 인간이 만든 오아시스 투루판에는 모든 것이 풍요롭다. 풍부한 지하수와 뜨거운 햇살로 재배된 포도는 초고의 품질을 자랑한다. 싱싱한 채소와 잘 익은 과일이 지천으로 널려 있다.

사막 한복판에서 잉어찜을 먹을 수 있다고 상상이나 해볼 수 있겠는가? 실제로 사막 한복판에 있는 투루판에 가면 커다란 잉어찜이 식탁에 올라온다. 카알정의 지하수를 이용한 양어장에는 잉어를 비롯한 많은 물고기가 양식되고 있다. 재래시장 노점상에서도 살아 있는 잉어나 메기를 팔고 있다. 척박한 환경을 극복하려는 인간의 의지가 사막 한복판에서 잉어를 살게 한 것이다. 사막의 잉어는 직접 보기 전에는 상상해보지 못한 일이었다.

사막에 살고 있는 사람들의 물과 나무에 대한 애착은 대단하다. 시가지와 농경지를 흐르는 수로 양편에는 버드나무가 빼곡하게 심어져 있다. 그 나무 한그루 한그루를 신주단지 모시듯 소중히 하고 있다. 투루판과 가까운 곳에 있는 '돈황'이 있다. 우리에겐 돈황석굴과 신라 승려 혜초의 왕오천축국전往五天竺國傳으로 잘 알려진 곳이다. 가까운 곳이라고 하지만 버스로 3시간을 달린 후에 또다시 기차로 10시간을 가야 도착하는 거리다. 투루판과 마찬가지로 사막 가운데 있는 돈황에 가면 2만 명의 사람들이 가로수 물주는 일에 종사하고 있다. 이들은 하루에 두 번씩 가로수에 물을 주고 있다. 도시 전체 인구가 17만 명인 점을 감안하면 결코 적은 숫자가 아니다. 대략 12%의 사람들의 직업이 나무에 물주기다. 노동력이 없는 노인과 어린이를 빼고 나면 비율은 훨씬 높아진다. 그곳에 사는 사람들은 척박한 환경을 극복하기 위하여 몸부림치는 삶의 투쟁을 하고 있는 것이다. 그 처절한 자연과의 투쟁 끝에 인공의 오아시스를 완성시켜 놓았다. 삶의 낙원을 만들었다. 그리고 그것을 지키기 위해 지금도 몸부림치고 있다. 그 노력은 계속될 것이다. 자연환경을 극복하려는 그들의 의지와 노력에 절로 고개가 숙여진다.

인권과 생명권

서울의 어느 지역에서 범죄예방을 위하여 주택가에 방범용 CC - TV를 설치하려 하자 인권단체들이 반대를 하고 나섰다. 주민 감시용으로 인권 침해라는 것이다. 경찰은 '한 사람의 생명권이 백 사람의 인권보다 소중하다'면서 설치를 강행했다. 해당 지역주민 대부분은 설치를 찬성하여 경찰의 손을 들어주었다. 경찰은 CC - TV 설치로 범죄 발생률이 크게 줄어들자 설치지역을 확대해 나가고 있다.

경찰청이 학교폭력 예방을 위해 '배움터 지킴이 제도'를 도입하자 또다시 인권단체들이 선생님들의 교권과 학생들의 인권을 침해한다면서 반대하고 나섰다. 국민의 88.2%가 '배움터 지킴이' 제도의 도입을 찬성한다는 여론조사 결과와는 정반대다. 학교폭력 피해 학생의 13.4%가 자살을 생각해보거나 시도해본 적이 있다는 조사 결과와 학교폭력에 시달리던 중학생 20여 명이 경찰지구대로 집단 피신하는 사태까지 발생한 것을 감안할 때 인권단체의 반대의견은 이해하기 힘들다.

국가인권위원회가 '양심적 병역거부권'을 인정하고 정부에 '대체복무제도'의 도입을 권고하고 나선 이후 '뜨거운 감자'로 논란이 되었던 사항이 종착점에 도달하고 있다. 최근 법원에서 무죄 판결이 이어지고 있기 때문이다. 그러나 이에 대한 우리 사회의 찬반양론이 뜨겁다. 인권단체들은 "국가 안보가 개인의 기본권을 제한했던 관행을 바로잡는 데 기여했다"면서 인권위원회와 법원의 결정을 옹호하고 나섰다. 반면에 재향군인회를 비롯한 안보단체들은 "국민의 생명권을 담보로 하는 국방의무가 단순한 사회봉사활동으로 대체될 수 없다"며 반대하고 있다.

물론 개인의 신념이나 양심은 지켜져야 한다. 그러나 양심적 병역거부는 양심이란 이름 아래 의무는 회피하고 권리만 주장하는 이기적 행위라는 여론이 많다. 개인의 양심에 따라 국가에 대한 의무를 거부한다면 국가로부터 받는 권리도 거부해야 한다는 것이다. 조금 비약을 해보자. 만약 양심적 병역거부가 인정되고 대체복무제가 법제화되어 모든 입영대상자 대체복무제를 선택하는 사태가 발생한다면 국방은 누구에게 맡겨야 하나? 외국인 용병에게 우리의 국방을 송두리째 맡길 것인가? 그땐 나라도, 민족도 없어지는 사태를 초래할 수 있을지도 모른다. 국방은 남북이 대치한 상황에만 필요한 것이 아니다. 통일이 이루어져도 국방의 필요성은 남아 있다. 국가가 존재하는 한 언제까지나 국방을 소홀히 해서는 안 된다. 국방은 선택이 아닌 필수다. 국방의 주체는 누가 뭐래도 군인이다. 양심적 병역거부에 의한 대체복무제 도입은 의무복무제냐 모병제냐 하는 문제와는 성격이 다르다. 대체복무제 도입은 아직 시기상조다.

인간의 천부적 권리인 인권은 중요하다 그리고 반드시 지켜져야 한다. 그러나 인권이란 이름으로 다른 사람의 생명권이나 행복권을 침해해서는 안 된다. 양심적 병역거부권을 인정하고 방범용 CC-TV 설치와 배움터 지킴이 제도의 도입을 반대하는 것은 다른 사람의 생명권과 행복권에 대한 중대한 침해 행위다. 국가인권위원회의 '양심적 병역거부권 인정'과 법원의 무죄 판결은 관견려측管見蠡測이다.

서로 다른 눈

하나님이 천지창조 세 번째 날에 땅을 만들었다. 바다와 식물을 함께 만든 그때 지구의 모습은 어떠했을까? 그 모습은 평평하고 태양과 수많은 별들이 그 주위를 돌았다. 적어도 16세기 코페르니쿠스가 지동설을 내놓을 때까지는 모두가 그렇게 생각했다. 둥근 지구 위에 살면서도 둥근 모습을 보지 못하고 돌고 있는 것을 느끼지 못했기 때문일 것이다. 사람들은 돌고 있는 태양과 달과 별만을 보았을 뿐 돌고 있는 지구는 보지 못했다. 그렇게 생각하는 것은 지극히 당연한 일이었다. 그러나 지금 지구가 평평하다고 믿는 사람은 아무도 없다. 똑같은 지구를 두고 시대에 따라 보는 눈이 이렇게 다르다.

퇴직을 앞둔 아버지가 오랜만에 가족과 함께 식사를 하면서 물었다. "나는 30년 동안 직장생활을 하면서 참 열심히 일했단다. 그동안 내 가족을 위해 일에 열중하다 보니 가정에 조금 소홀했던 점도 있었을 것이다. 그러나 나는 가장으로서 가족들의 의견을 충분히 듣고 너희들의 의견을 존중했다. 모든 가정의 일은 가급적 민주적으로 처리하려고 노력하고 있는데 어떻게 생각하니?"라고 물었다. 그러자 서로 힐끗힐끗 쳐다보더니 부인이 먼저 대답했다. "그건 당신 혼자 생각이고……." 부인의 대답에 남편은 할 말을 잊어 버렸다. 아들의 대답은 더욱 가관이었다. "아버진 아직 멀었어요." 딸이 맞장구를 쳤다. "오빠 말이 맞아요." 아버지는 머리에서 울리는 소리를 들었다. '띵~~'

병원 중환자실에 사회적으로 성공했다고 하는 노인이 임종을 맞고 있었다. 주위엔 사랑하는 가족들이 불안한 표정으로 둘러서 있다. 마지막 유언을 할 기력도 없다. 지나간 인생이 주마등처럼 지나갔다. '나는 한평생을 살면서 남들에게 크게 나쁜 일을 한 것도 없고, 가족들을 위해서 성실하게 살아온 것 같다. 그러니 죽어도 크게 욕할 사람은 없을 것이지만 남은 가족들이 얼마나 슬퍼할까. 그것이 걱정이다. 그중에서도 한평생 살을 맞대고 살아온 마누라가 얼마나 슬퍼할까. 혹시 따라 죽지는 않을까.' 하고 생각하니 쉽게 죽을 수가 없었다. 그때 냉정한 의사가 "운명 하셨습니다." 하고 최종 판정을 했다. 온 가족이 오열하는 가운데 흰 가운이 덮이고 노인은 지하 영안실로 옮겨졌다.

부인은 영원히 헤어지지 않을 것처럼 남편의 손을 꼭 잡고 함께 영안실로 향하고 있었다. 그러나 오진誤診이었다. 노인은 죽지 않았다. 그러나 살아 있다는 것을 알릴 방법이 없었다. 마지막 힘을 모아 부인의 손을 꼬~옥 잡았다. 그때 부인의 눈이 동그래졌다. 놀란 부인은 정신을 가다듬고 남편의 귀에다 대고 속삭이듯 한마디 했다. 주위의 가족들에게도 들리지 않을 정도의 작은 목소리였지만 힘이 실렸다. "영감, 한평생 내 속을 그렇게 썩였으면 됐지 끝까지 이럴 거야. 의사선생님이 죽었다고 하면 죽은 거야. 알겠어. 조용히 가."

우리는 어떤가. 누구나 자기중심적이다. 모든 일과 생각의 중심에 자신을 둔다. 심지어 자신이 있기에 이 세상이 존재한다는 믿음을 가지고 있다. 자신이 없으면 세상만사가 무의미하다는 식이다. 언제나 자기 생각이 올바르고 자신만이 희생한다고 생각한다. 일은 자신이 가장 많이 하고 문제가 생기면 앞장서서 해결했다고 자부한다. 또한 남들보다 인정이 많고 너그럽지만 다른 사람들은 알지 못하는 것 같다. 그러나 이러한 희생과 노력에 대한 정당한 대가를 받아보지 못하고 있다. 자신이 제안한 참신하고 개혁적인 아이디어는 남들이 알아주지 않아 안타깝다. 좋은 제안들이 채택되지 않는 것은 두 가지 이유 때문이라고 생각한다. 하나는 너무나 뛰어난 아이디어라 남들이 그 가치를 알아보지 못한 것이고, 다른 하나는 주변의 견제 때문이라고.

이것이 우리 인간의 속성인지도 모른다. 많은 사람들이 자기도취에 빠져 살고 자기중심적 착각 속에서 산다. 어쩌면 그런 착각과 도취에 빠져 사는 것이 인생의 맛인지도 모른다. 물론 그렇지 않은 사람도 많다. 그러나 하나의 사물과 현상을 놓고 다르게 생각하는 것이 우리의 모습이다. 그것은 다를 뿐이지 틀린 것은 아니다. 그러니 내가 지나온 길이 잘못되었다고 남들이 욕하더라도 너무 서운해할 일도 아니요 나 혼자만 똑바로 살아 왔다고 자만할 일도 아니다. 남들이 잘못된 길을 간다고 무조건 책망만 할 일은 더더욱 아니다. 누구나 인생이란 같은 길을 걸어가지만 방식이 다르고 목적지도 다르니까.

3

머물다 간 자리

엄지리더

하느님이 손가락을 만들었다. 하느님이 바빠서 직접 만들지 못하는 것을 손가락을 통하여 만들기 위해서였다. 하느님은 주로 살아있는 생명체를 만들었고, 손가락들은 생명이 없는 물건을 만들었다. 손가락들은 수많은 물건을 경쟁적으로 만들기 시작했다. 연필과 책을 만들고 칼과 총도 만들었으며 집도 만들었다. 손가락들도 기술이 늘어나자 하느님처럼 살아있는 생명체도 만들어 보겠다고 나서기도 했다. 심지어는 인간도 만들어 보겠다고 했다. 그러나 인간을 닮은 인형을 만들기는 했으나 생명을 불어 넣지는 못했다. 손가락들은 만드는 것 못지않게 부수는 것도 능수능란하게 해냈다. 비록 생명을 불어넣지 못한 물건이지만 많은 물건들이 만들어질 수 있었던 것은 다섯 개의 손가락들이 서로 돕고 소통할 수 있었기 때문이었다. 처음부터 손가락들이 이렇게 좋은 물건들을 만든 것은 아니었다. 서로 간의 불통으로 많은 어려움이 있었다. 서로가 잘났다고 나서는 통에 순조롭게 되는 일이 드물었다.

하느님은 다섯 손가락을 만들었을 때 많은 항의를 받았다. 가장 심하게 항의를 한 것은 엄지였다. "하느님 이럴 수가 있습니까. 왜 남들은 세 마디를 주고 저는 두 마디밖에 없습니까. 하느님도 잘 아시잖습니까. 두 마디로는 아무것도 할 수 없다는 것을……. 누구보다 잘 아실만한 분이 일 처리를 이렇게 하시면 안 됩니다. 당장 고쳐 주십시오." 엄지는 눈물까지 흘리면서 억울하다고 계속 고쳐 줄 것을 요구했다. 틀린 말을 한 것은 아니었다. 엄지를 자세히 보면 다른 손가락에 비하여 쓸데없이 굵기만 굵고 한마디가 적어 혼자서는 물건을 잡을 수도 없다. 다른 손가락과 멀리 떨어져 있다. 떨어져 있으니 외롭고 왕따를 당한 기분도 든다. 하느님도 엄지의 말을 듣고는 일리가 있는 일이라고 고개를 끄덕였지만 다시 고칠 수도 없는 일이라 난감했다. 할 수 없이 엄지를 설득했다. "엄지야 네가 한 말을 들어보니 모두가 맞는 말이다. 너는 남들보다 한마디가 적지만 그것 때문에 실망할 필요는 없단다. 그건 결코 장애가 아니란다. 너는 비록 길이는 짧고 멀리 떨어져 있지만 네가 협조하지 않으면 다른 넷은 아무것도 할 수 없단다. 또한 네가 똑바로 서면 그건 최고라는 표시야 그러니 리더인 네가 네 손가락을 잘 이끌어 나가기 바란다."고 했다. 엄지는 그 말을 듣고 힘을 얻었다.

그때부터 엄지의 일과가 바빠지기 시작했다. 처음에 엄지는 네 손가락 앞에 나서서 "오늘부터 내가 대장이야. 너희들은 내 말을 따르라."고 명령을 했다. 그러자 네 손가락이 동시에 "미친놈"이라고 하면서 엄지를 따돌렸다. 왕따를 시킨 것이다. 네 손가락이 엄지 반대편에서 저희들끼리만 놀고 있으니 가까이 다가가지도 못했다. 짧은 엄지를 아무리 뻗어도 네 손가락에 닿지도 않았다. 하느님으로부터 '리더'라는 말만 듣고 기분이 좋았지만 허울뿐인 리더였다. 아무도 리더의 말을 듣지 않았으니까. 엄지 혼자서 눈물을 흘렸다. 그렇다고 하나님께 다시 따질 수도 없었다. 하나님은 리더로서 나머지 네 손가락을 잘 이끌어 나가라고 했는데 리더십의 부족으로 도리어 따돌림을 당했기 때문이다.

외톨이가 된 엄지는 곰곰이 생각했다. 이 어려움을 어떻게 헤쳐 나갈 것인가. 지금에 와서 하느님에게 또다시 고쳐달라고 따질 수도 없지 않는가. 그로부터 오랜 시간동안 엄지는 외롭게 지냈다. 어느 날 검지가 물건을 집어 드는 모습을 보았다. 어딘지 모르게 어색했다. 혼자서 몸을 구부려 물건을 잡으려고 용을 쓰고 있었지만 잡으면 놓치는 경우가 더 많았다. 옆에 있던 중지가 나서서 도우려 했지만 큰 도움이 되지 못했다. 검지와 중지는 땀을 뻘뻘 흘리면서 힘을 모았지만 쉬운 일이 아니었다. 용케도 집어 들었으나 곧 떨어뜨렸다. 옆에서 지켜보던 약지가 돕겠다고 나서자 막내도 덩달아 힘을 보탰지만 결과는 마찬가지였다.

멀리서 쳐다만 보던 엄지가 '조그마한 물건 하나 집어 드는 것이 저렇게 어려운 일인가. 내가 조금 도와줄까.' 하고 생각했다. 엄지는 슬쩍 다가서서 움켜잡은 물건을 놓치지 않으려고 발버둥치는 검지와 중지를 살짝 눌렀다. 살짝 눌렀을 뿐인데도 물건은 단단하게 고정되었다. 검지를 비롯한 네 손가락들은 신기하다는 표정으로 엄지를 쳐다봤다. 엄지도 믿을 수 없기는 마찬가지였다. 다섯 손가락은 서로 쳐다보고 미소를 지었다. 그날 이후로 네 손가락들은 수시로 엄지를 찾았고 엄지도 즐거운 마음으로 그들을 도왔다. 네 손가락들은 고맙다는 인사와 함께 엄지가 최고라고 치켜세웠다. 엄지는 자연스럽게 리더로 자리 잡았다.

1대 4로 갈라졌던 손가락들은 하나로 어울렸다. 다섯이 힘을 합치자 물건을 들어 올리는 것은 물론 만드는 일도 훨씬 쉬워지고 더욱 정교해졌다. 품질 좋은 물건들이 만들어지자 손가락들의 명성도 높아졌다. 힘을 합치면 이득이 된다는 사실을 알고 나자 서로가 도울 일이 없는지 찾아보는 일로 바빠졌다. 모두가 자신에 주어진 역할에 충실하면서도 도울 일이 생기면 언제든지 돕는 분위기가 만들어지자 웃음이 늘어났다. 그날 이후로 손가락 나라의 사전에서 '왕따'라는 단어는 지워졌다.

승사장

조그마한 완구점을 운영하는 그는 승僧사장으로 불린다. 언제부턴가 그렇게 불렀다. 그도 그런 호칭에 대하여 싫어하지는 않는다. 그렇다고 썩 좋아하는 눈치도 아니다. 그냥 그렇게 부르고 통한다. 승사장은 이름처럼 조용하고 과묵한 사람이다. 평소에 화를 내는 모습을 본 사람은 드물다. 주변에서는 화를 낼 줄 모르는 사람이라고 말한다. 승사장의 과거사를 소상히 아는 사람도 없다. 다만 한때 절에서 스님으로 있다가 현재의 부인을 만나 환속했다는 정도로 알고 있다. 누구도 그에게 왜 환속을 했는지를 묻지 않는다. 산중 생활을 청산하고 속세로 나온 원인 중의 하나가 현재의 부인과 연관되어 있을 것이라는 추측만 할 뿐이다.

어느 날 승사장의 완구점에 큰 싸움이 벌어졌다. 승사장과 삼십대 중반의 젊은 여자가 대판 싸움이 붙었다. 서로 간에 삿대질을 하고 고함소리와 욕설이 창문 틈을 빠져나와 거리에 넘쳤다. 가게 앞에는 인근 상가에서 몰려온 구경꾼으로 순식간에 장사진을 이루었다. 모두가 유리창 너머에서 벌어진 싸움을 흥미진진하게 구경만 하고 있다. 누구도 싸움의 이유를 모르고 들어가 말릴 생각도 않고 있다. 남의 영업에 끼어들고 싶지 않겠다는 생각인 것 같다. 눈치 빠른 상인들은 물건의 반품과정에서 싸움이 붙었을 것으로 짐작할 뿐이다. 구경꾼들이 놀란 것은 싸움이 아니라 승사장의 모습이다. 삿대질을 하고 욕설을 퍼붓는 모습이 평소의 모습이 아니었기 때문이다. 도저히 입에 담기조차 힘든 욕설을 퍼붓고 그냥 두면 상대를 금방 죽일 것만 같은 모습이다. 행동도 과격하기 짝이 없다. 승僧사장이 마魔사장으로 바뀐 듯하다. 젊은 여자가 "XX 같은 놈 잘 먹고 잘 살아라."면서 큼직한 인형을 바닥에 내동댕이치고 나가면서 끝이 났다. 인형과 함께 일어났던 먼지가 가라앉으면서 가게 안은 평온을 되찾았다. 오직 승사장의 거친 숨소리만 남았다. 그제야 구경꾼들이 가게 안으로 들어갔다. 보름 전에 사서 간 인형을 지금껏 사용하다가 도로 물려달라는 것이 싸움의 발단이 됐다고 했다. 시간도 오래됐고 때도 묻어 반품이 안 된다고 하자 자꾸만 반품해 달라고 억지를 부려서 싸움이 시작됐다는 것이다. 가재는 게 편이라고 주변 상인들이 요즘 젊은 여자들은 싸가지가 없다고 승사장 편을 들면서 하나둘 빠져나갔다.

그때까지 가게에 남아 있던 몇몇 사람들이 다시 한 번 놀란 것은 승사장의 어린 딸이 가게 안에 들어오면서다. 유치원 가방을 메고 예쁜 딸이 가게 안으로 들어서자 승사장의 모습이 달라진 것이다. 달라져도 이만저만이 달라진 것이 아니다. 완전히 달라져 딴사람이 됐다. 얼굴은 활짝 핀 복숭아꽃 같고 입은 귀까지 찢어졌다. 눈가에도 웃음이 흐른다. 목소리는 밝다 못해 공중에 뜬 것 같다. 조금 전의 모습이 악마였다면 현재는 천사다. 함께 있던 사람들은 사람이 순식간에 이런 변화된 모습을 보일 수 있는지 하는 의아심을 가지기 충분했다. 그러나 이 모든 것이 눈앞에서 벌어진 일이니 믿지 않을 수도 없다. 이것이 인간의 숨겨진 모습인가 하고 그 반대로도 바뀔 수 있다는 생각에 소름이 끼쳤다.

며칠 뒤 옆집 사람이 조심스럽게 물었다. "승사장 그저께 싸움 말인데 어떻게 그렇게 심하게 싸우다가 딸이 오자마자 태도를 완전히 바꿀 수 있는가. 사람은 감정의 동물이라는데……." "내가 손님과 싸운 것은 인형을 반품하는 문제지 딸아이와는 전혀 관련 없는 문제입니다. 인형 반품과 딸아이는 무관하니까 반갑게 대하는 것일 뿐입니다."라면서 오히려 이상하다는 표정이다. "아니 그래도 사람인데 방금 전까지 불같이 화내던 감정이 일시에 사라질 수 있다는 것이 우리는 이해가 안 된다는 말이야." "이상할 것도 많네. 관련 없는 사람에게 화낼 이유가 없잖아요." 옆집 사람은 이해되지 않는다는 표정으로 돌아갔다. 더 이상 물어볼 말이 생각나지 않았기 때문이다.

대부분의 사람들은 '감정전이'를 완벽하게 차단하기 어렵다. 노력의 여하에 따라 조절은 가능하지만 단절은 어렵다. 감정전이는 자신의 감정이 남에게 옮겨가는 것을 말한다. 남대문에서 뺨맞고 한강에서 분풀이 하는 것이 대표적인 감정전이라고 할 수 있다.

이런 경우도 있다. 투전판에서 돈을 잃고 들어온 남편이 마누라에게 화풀이를 하면 시어머니는 애꿎은 며느리를 구박한다. 시집온 지가 언젠데 아직도 밥 하나도 옳게 못하느냐. 반찬은 왜 이리 짜게 하느냐. 소금이 썩어 나가느냐며 며느리를 타박한다. 며느리는 속이 상하지만 마땅하게 화풀이할 상대도 없다. 눈물을 흘리며 아궁이에 불을 때다가 옆에서 반갑게 꼬리를 흔드는 강아지를 "요놈의 개 ××" 하면서 부지깽이로 때린다. 놀란 강아지는 대문까지 도망가서 멀뚱하게 부엌만 쳐다보고 있다. 이유도 모르고 맞았다. 투전판에 돈을 잃은 주인 남자의 감정이 강아지까지 전이된 것이다. 우리 생활 주변의 이러한 감정의 전이는 무수히 많다. 아침에 부부싸움을 하고 출근한 직장 상사의 감정이 하루 종일 사무실 전체에 미치는 경우도 있다.

승사장은 감정의 전이를 완벽하게 차단할 수 있는 사람이었다고 할 수 있다. 이것이 주변에서 그를 승사장으로 부르는 이유인 것 같다. 상당한 수련을 거치지 않은 사람은 어려운 일이다. 한마디로 줄이면 '도인'이다. 이것이 어려운 일인 것은 분명하지만 결코 불가능한 일만은 아니다. 누구나 노력하면 완벽한 차단은 아니지만 조절은 가능한 일이다. 자신의 감정이 다른 사람의 감정에 영향을 미치는 것은 결코 좋은 일은 아니다. 특히 부정적 감정이라면 더욱더 그렇다. 반대로 밝고 긍정적인 감정은 전이가 거듭되고 빠를수록 좋다.

우리 사회는 사람과 사람이 어울려서 살아가는 곳이다. 서로의 감정을 자제하는 노력이 필요한 곳이다. 부정적 감정은 차단하고 긍정적 감정은 전이시키는 것이 필요하다. 주변이 밝아지면 자신도 함께 밝아지기 때문이다.

배려

우리의 전통 식사법은 '상물림'이었다. 식사를 하고 밥상을 치운다는 말이 아니라 윗사람이 먼저 식사를 하고 아랫사람으로 내려가면서 차례로 식사를 하는 것이다.

요즘의 식사방식과는 완전히 다르다. 대가족으로 이루어진 양반집을 예로 들면 먼저 주인 식구들이 먹고 다음으로 집안일을 돌보는 청지기를 비롯한 중간 계층, 그리고 하인 순으로 먹는다. 밥상을 새롭게 차려서 먹는 것이 아니고 윗사람이 먹고 남은 음식을 아래로 내려오면서 먹는 것이다. 마지막으로 남는 음식은 소나 돼지의 먹이로 주어진다. 이 같은 상물림은 철저하게 '한 식구'에 한해서 이루어진다. 손님이나 객식구에게는 적용되지 않는다. 이들에게는 따로 밥상을 차려 준다. 요즘 사람들로서는 이해할 수 없는 방식이지만 '한 식구'라는 동질성을 강조하는 식습관이라고 할 수 있다.

'양반은 생선을 뒤집지 않는다.' 얼핏 들으면 양반은 궂은일은 절대로 하지 않는다는 말로 들릴 수 있으나 그런 뜻이 아니다. 이 말 속에는 우리 조상들이 남을 배려하고 나눔을 생활화한 깊은 뜻이 들어 있다. 지금은 생선이 흔한 음식이 되었지만 불과 얼마 전까지만 해도 내륙지방에서는 귀한 음식이었다. 생선 한 토막을 밥상에 올리기도 결코 쉬운 일은 아니었다. 요즘처럼 통 마리로 구워서 먹는 것은 상상하기 어려웠다. 그만큼 생선이 귀하던 시절이었지만 우리 조상들은 상대를 배려하는 마음을 가지고 있었다.

누구나 맛있고 귀한 생선반찬을 조금이라도 더 먹고 싶은 마음을 가지고 있을 것이다. 생선을 뒤집지 않는다는 것은 아랫사람들을 위한 배려의 마음인 것이다. 양반이 밥상에 올라온 생선반찬을 아랫사람을 위해 남겨주는 경계가 바로 등뼈라고 할 수 있다. 생선을 먹다가 등뼈가 나오면 더 이상 생선에는 젓가락을 대지 않았다. 등뼈 밑에 있는 생선살은 아랫사람들의 몫이었기 때문이다.

식욕은 인간 본능이다. 우리 조상들이 보여준 식욕에 대한 인내심은 대단한 것이라고 할 수 있다. 음식 앞에서 식욕을 억제하기란 쉬운 일이 아니다. 몸매관리를 위한 다이어트나 건강관리를 위한 단식과는 개념이 다르다. 음식이 넘쳐나는 지금은 건강관리를 위하여 음식을 줄이지만 부족하던 예전에도 우리 조상들은 남을 위하여 식욕도 억제했다. 이것이 우리 조상들의 '노블레스 오블리주'인 동시에 배려였다.

모든 것이 넘쳐나는 세상이다. 돈도 옷도 넘쳐나고 집도 넘쳐나는 만큼 우리의 욕심도 늘어나는 것 같다. 가진 자가 조금 덜 가진 이웃을 위해 내어주는 것보다 덜 가진 자의 것을 빼앗아 더 크게 만드는 것이 당연시되는 세상으로 변해간다. 돈은 물론 권력과 명예도 혼자 가지려 한다. 모든 것을 독식하려는 세상이다. 어떤 사람들은 혼자서 너무 많이 가지면 불러진 배가 나중에 천국으로 들어가는 문에서 걸려서 들어가지 못하는 수가 있으니 조심해야 한다고 한다. 가진 것을 조금이라도 나누는 다이어트를 하면 천국의 문을 통과하기 쉬울 것 같다.

인간의 수명

우리나라의 평균수명은 79세다. 여자는 85세로 남자보다 더 많다. 인간의 진화과정은 수명의 연장이라고 할 정도로 수명은 점점 길어지고 있다. 조선 중기의 평균수명이 45세 정도이던 것을 감안하면 대단히 늘어난 것이다. 요즘 상가喪家에 가면 90세는 보통이다. 80대에 돌아가신 분에게는 '호상好喪'이라는 말은 꺼내지도 못할 지경이다. 조만간 100세를 넘기는 사람이 수두룩할 것 같다.

자연이 동물에게 준 수명은 어느 정도일까. 대략 다음 세대가 성장해서 자립하고 그 다음 세대를 생산할 정도의 시간을 적당한 수명이라고 한다. 인간의 경우 한 세대를 30년 정도로 보면 60년 정도를 보는 것이다. 우리 선조들이 회갑을 생애 주기 중에서 큰 의미를 두고 성대한 잔치를 열었던 것도 이런 의미였을 것이다.

과학의 발달로 인간의 수명은 계속 늘어나고 있다. 이제는 회갑 잔치를 하는 사람은 없다. 칠순 잔치도 드물다. 그만큼 수명이 길어졌기 때문이다. 평균수명이 79세지만 각종 사고나 큰 질병으로 일찍 죽는 경우를 제외하면 많은 사람이 80세를 훌쩍 넘긴다. 앞으로는 생명공학의 발달로 인하여 더욱 길어질 것이다.

학자들은 앞으로 30년 후에는 '인공장기' 교환이 보편적으로 이루어질 것이라고 한다. 심지어 과장되게 말하는 학자들은 길거리에 '인공장기교환소'가 등장할 것이라는 말도 한다. 요즘 휴대폰 대리점처럼 장기 대리점이 생기는 것이다. 그때가 되면 성능이 떨어지는 장기는 수시로 교환할 수 있다는 것이다. 아마 이런 말들이 오고 갈 것이다. "너는 이번에 '간' 어느 회사 제품으로 바꾸었니?" "응 이번에 'S사 간'으로 바꾸었어. 괜찮은 것 같아. 지난번 'L사' 제품보다 더 좋은 것 같아. 그런데 가격이 좀 비싸." "나도 교환한 지 꽤 되었는데 어느 걸로 바꿀까 생각 중이야. 외제도 좋다던데 이번엔 수입산으로 해볼까." 뭐 이런 대화가 일상적으로 이루어질 것이라고 한다.

이런 것을 보면 인간의 욕심은 끝이 없는 것 같다. 인간의 최고 목표 중의 하나를 꼽으라면 무엇일까? 아마 '무병장수'일 것이다. 이 세상에 살아있는 많은 동물 중에서 무병장수를 추구하는 동물은 없다. 오직 인간만이 무병장수를 추구할 뿐이다. 인간의 수명이 늘어나면서 새로 생긴 걱정이 고령화 사회에 대한 고민이다. 의학기술이 발달하고 경제적으로 안정된 국가만의 고민이다. 소위 선진국이거나 선진국으로 가는 나라의 고민인 것이다.

인간의 수명 연장은 분명히 축복이다. 그러나 준비하지 않은 수명 연장을 축복이라고 할 수는 없다. 건강이 보장된 연장만이 축복이다. 의존수명이 길어지면 길어질수록 그것은 본인은 물론 가족들의 고통으로 연결되기 때문이다. 수명이 늘어나는 것은 우리가 거스를 수 없는 현실이다. 따라서 그에 대한 준비가 필요하다. 건강관리와 경제적 준비가 필요하다. 또한 적당히 살다가 후계 세대에 바통을 인계하고 가는 것도 미덕이다. 문제는 그 적당히 사는 기간이 사람마다 다르다는 것이다. 혹시 백 살이 넘어서 동창회 안내장이 오면 난감한 기분이 들 것 같다.

타고 온 나룻배

아직은 아침 날씨가 차다. 꽃샘추위가 주변을 맴돌고 있지만 봄은 벌써 남쪽을 점령한 듯하다. 봄이 먼저 상륙한 광양에선 매화꽃 축제를 한다고 야단법석이다. 매화꽃의 기운이 조만간 이곳도 점령할 것 같다. 아직은 꽃봉오리만 맺고 있다. 마치 육상선수가 멀리 있는 결승선을 쳐다보면서 출발 신호를 기다리듯이 다가오는 봄을 응시하고 있다.

성급한 마음에 아직 피지 않은 매화 가지 하나를 꺾어 물컵에 꽂아 두었다. 가지가 잘렸지만 하루를 지나니 변화의 조짐을 보인다. 꽃봉오리를 싸고 있던 갈색의 껍질 사이로 뽀얀 속살이 보이기 시작한다. 혹시나 맑은 매화 향이 있을까 해서 코를 가까이 가져가 보지만 향은 없다. 꽃이 핀잔만 준다. '성급하기는 피지도 않았는데 벌써 향을 찾느냐고.' 무심코 두었더니 3일 만에 한 송이가 피었다. 맑고 진한 향을 품은 하얀 매화꽃이 활짝 웃는다. 가까이 다가가니 향이 더욱 진하다. 올해 들어 처음 맡아보는 매화 향이다. 마음도 함께 맑아지는 듯하다. 다음날 아침이 되니 가지에 달린 모든 송이가 활짝 피었다. 성급한 송이는 벌써 하얀 꽃잎을 바닥에 떨어뜨리고 있다. 향도 많이 줄어든 것 같다. 아마 내일 저녁쯤에는 바닥에 더 많은 꽃잎이 내려와 있을 것이다.

그때가 되면 어서 빨리 피기를 기다리던 마음은 온데간데 없어지고 꽃가지를 버리게 될 것 같다. 화장실 갈 때와 올 때 마음이 다르듯이 꽃잎이 떨어졌으니 미련 없이 버릴 것이다. 이것이 인간의 속성인 것 같다. 필요하면 찾고 필요 없으면 버리고… 많은 사람들이 그렇게 살고 있다. 나도 마찬가지다. 강을 건널 때는 나룻배에 감사하지만, 건너고 나면 뒤도 돌아보지 않고 갈 길을 가는 것처럼……. 내게 도움을 주지 않는 사람, 필요 없는 물건, 용도가 다한 물건에도 조금 더 관심과 애정을 가져보는 것도 크게 나쁘지는 않을 듯하다.

부자로 살기

우리는 무엇을 얼마를 가지고 있을까. 우리는 무언가 가질 때 행복해진다고 믿는다. 남보다 조금 많이 가질 때 조금 더 행복해질 것이라고 생각한다. 과연 그럴까. 인간이 가질 수 있는 것은 많다. 돈, 사람, 건강, 지식, 권력, 명예…… 수없이 많다. 인간은 이 모든 것을 혼자서 모두 가지려는 경향이 있다. 욕심이다. 오늘 아침 내가 가진 것이 무엇인가를 한번 생각해 보았다. 참 많이 가지고 있다. 이렇게 많은 것을 가지고 있으니 부자라는 생각이 든다.

새벽에 일어나서 앞산에서 간단히 등산을 할 수 있는 건강이 있고, 언제든지 샤워할 수 있도록 수도꼭지에서 물이 콸콸 나오니 물 부자다. 아프리카에서 물 한 통 받으러 종일 걸어가야 하지 않는가. 밥상에 하얀 쌀밥이 올라와서 배고프지 않고 지낼 수 있으니 쌀 부자다. 북한에서는 쌀밥에 쇠고깃국을 먹어 보겠다는 것을 가장 큰 목표로 정하고 오늘도 허리띠를 졸라매고 있는데 우린 그런 걱정은 없으니까.

작지만 편안하게 쉴 수 있는 집이 있어 잠잘 곳 걱정을 하지 않아도 되니 집 부자다. 거리를 맴도는 노숙자도 많지 않는가. 지갑 속에는 많지는 않지만 약간의 지폐와 커드가 한 장 들어 있으니 돈 부자다. 그 돈이면 점심 굶을 걱정은 없고, 자판기 커피 정도는 보이는 사람마다 사줄 수 있다. 없어서 못 사주는 것보다는 베푸는 마음의 문이 열려 있지 않은 것이 더 문제다.

오늘 하루 일할 일거리가 있어서 지루하지 않으니 일 부자다. 백수 소리 듣지 않으니 좋고, 중간중간에 휴가도 갈 수 있으니 얼마나 좋은가. 직장에 나오면 정답게 이야기할 동료가 있으니 사람 부자다. 고민이 있을 때 터놓고 상담할 수 있고, 크게 왕따 당하지 않으니 좋고, 저녁 시간에 소주 한잔 하면서 시시콜콜 세상 돌아가는 이야기할 수 있으니 좋지 않는가.

우린 가진 것이 없다고 불만을 하고 있지만 하나하나 들추어보면 가진 것이 많다. 큰 욕심보다 작은 것에 만족할 줄 알면 행복하진 못해도 불행하진 않을 것이란 생각이 든다. 오늘 하루도 내가 가진 것을 생각하면서 푸근한 마음으로 살아갈 수만 있다면 아마도 행복지수가 많이 올라가지 않을까 한다.

마음

사람이 간사하다는 말을 자주 한다. 나도 그렇다. 세상 모든 사람들이 같은 것 같다. 사람의 생각은 수시로 필요에 따라 변하니까. 방바닥에 머리카락이 떨어져 있다. 검은 것도 있고 흰 것도 있다. 어떤 반응을 보일까. '머리카락 때문에 방이 지저분하다'고 불평을 한다. 앉다가 손바닥에 닿으면 무슨 큰일이라도 날 것처럼 인상을 쓰면서 쓰레기통에 넣기 바쁘다.

불과 얼마 전까지만 해도 자기 머리에 붙어 있을 때는 아름답기 그지없는 머리카락이었다. 고급 샴푸로 감고 빗질하고, 헤어로션까지 바르고 다녔다. 좀 더 잘 보이려고 염색하고, 파마까지 하고, 온갖 치장을 다했다. 끝이 헤어지면 커트를 하고 정성을 들였다. 내 몸에서 떨어져 나간 순간 쓰레기로 변해 버렸다. 머리카락은 변함이 없다. 머리에 붙어 있으나 떨어져 있으나 그냥 머리카락일 뿐이다. 단지 내 마음만 변했을 뿐이다. 붙어 있느냐 떨어져 있느냐에 따라서 아름다운 머리카락이 되고 쓰레기가 되기도 한다. 이것이 인간의 마음인 것 같다.

생각의 차이, 마음의 차이일 뿐이다. 세상만사가 그렇다. 내 것은 소중하고 귀하다. 나와 연관이 있으면 좋아 보인다. 남이 하면 좋은 것도 좋게 보지 않는다. 도둑질을 해도 남이 하면 죽일 놈, 나쁜 놈이라고 손가락질하면서 친한 친구가 하면 '아마 그럴만한 사정이 있었을 거야.' 하면서 이해하려 한다. 이것이 인간인 것 같다. 언제나 자기중심적으로 생각하는 인간의 본성 때문일 것이다. 나는 언제쯤이 되면 자기중심적 사고에서 벗어나 객관적인 생각을 해볼 수 있을까. 그 정도의 성숙함을 갖추기는 많이 어려울 것이다. 결코 쉽지 않은 일이다. 그러나 연습을 하다 보면 조금은 가까이 다가갈 수 있을 것이다.

어디서 무엇이 되어…

일요일 아침에 노인들을 대상으로 한 TV 프로그램이 있다. 뽀빠이 이상룡이 진행하는 <언제나 청춘>이란 프로다. 뽀빠이의 구수한 입담과 노인들의 추억이 어우러진 프로다. 여기에 출연하는 노인들을 보면 고생하지 않은 분들이 없다. 모두가 젊은 시절 무지무지 고생한 분들이다. 그러나 이제는 그 고생이 아련한 추억으로 나타나는 것 같다.

언젠가 할머니 한 분이 출연하셨다. 젊어서 가난과 남편의 도박, 술주정, 폭력으로 엄청 고생을 했다고 한다. 그 할머니께 다음 세상에는 무엇으로 태어나고 싶으냐고 물으니 "다음 세상엔 흘러가는 구름이 되고 싶다. 구름이 되어 온 세상을 돌아다니면서 구경도 하고, 여름철 뜨거운 햇볕 아래서 밭 매는 농부가 있으면 덥지 않게 그늘을 만들어 주고 싶다."고 한다. 이런 경우에 대부분의 할머니들은 '부잣집에 남자로 태어나 일하지 않고 하고 싶은 공부나 했으면 좋겠다.'고 한다. 남자로 태어나 당당하게 살아보고 경제적인 풍요로움을 누려보고 싶은 마음의 표현일 것이다.

흘러가는 구름이 되고 싶다는 그 할머니의 대답은 대단했다. 과거에 자신이 했던 고생을 잊지 않고 남들이 하는 고생을 조금이라도 덜어주고자 하는 마음이 인생을 달관한 것 같은 분으로 보였다. 인생을 달관하지 않고는 결코 나올 수 없는 대답이란 생각이 들었다. 이 세상 모든 사람들이 이 할머니와 같은 생각을 가졌으면 세상은 좀 더 좋은 세상으로 바뀌었을 것이다.

떨어뜨리는 감

가장 한국적인 과일은 무엇일까. 사과 배 복숭아 그리고 …… 수많은 과일이 있지만 단연 감이라고 생각된다. 여름까지 나무를 먹여 살렸던 푸른 잎을 모두 땅에 떨어뜨리고 앙상한 가지에 빨간 홍시를 달고 있는 모습을 보면 정겹다. 따뜻한 정이 스며있는 우리 삶의 모습과 닮아서인지도 모른다. 빨간 홍시가 초가집을 배경으로 달려 있으면 더욱더 그럴 것이다.

5월이면 하얀 감꽃이 핀다. 작지만 노란 왕관 모양을 하고 있다. 배고픈 시절 아이들은 감꽃을 열심히 주워 먹었다. 약간은 떫은맛이 나지만 그래도 씹으면 달짝지근한 맛이 좋았다. 맛보다는 허기를 채울 수 있었기에 주워 먹었다. 더러는 떨어진 감꽃을 실에 끼워 목에 걸고 다니면 훌륭한 꽃목걸이가 된다. 목에 걸고 다니다 심심하면 하나씩 떼어서 입으로 넣기도 하니 용도가 다양했다.

이제 감꽃을 먹는 아이들은 없다. 먹을 수 있는 것인지도 모른다.

간혹 어른들이 예전의 향수에 젖어 한두 개를 먹어보지만 씹으면 금세 표정이 달라진다. "에이" 하는 소리와 함께 얼굴을 찡그리고 뱉어낸다. 그리곤 한마디 한다. "옛날에는 맛있었는데?" 그렇다. 예전에는 맛있었다. 지금은 왜 맛이 없을까. 감꽃은 그대로이지만 우리의 입맛이 바뀌었다. 그러나 입맛이 바뀐 것을 우리는 모른다. 감꽃이 바뀐 것으로 착각을 한다. 그래서인지 이제는 아무도 감꽃을 줍지 않는다.

꽃이 떨어진 꼭지에는 앙증스런 감이 매달려 있다. 진한 녹색의 감이 단단하게 매달려 있다. 여름에 접어들면 하나둘 감들이 떨어지기 시작한다. 콩알보다 조금은 큰 감들이 수없이 떨어진다. 떨어진 감들은 얼마 지나지 않아 뽀얀 곰팡이가 생기고 썩어간다. 몸속에 남아있던 물기를 모두 땅으로 돌려주고 앙상한 껍질만 남기고 말라버린다. 굵어질수록 떨어지는 숫자도 줄어들다가 어느 시점이 되면 떨어지는 것을 멈춘다. 병에 걸리거나 벌레가 먹은 것도 아닌데 왜 떨어지는지 궁금하다. 어른들은 병충해 피해를 입어서 떨어지는 것이 아니라 스스로 떨어뜨리는 것이라고 한다.

모든 생명체는 종족보존의 본능을 가지고 있다. 나무도 마찬가지다. 아마 감나무도 자신의 가지에 달린 수많은 감들을 모두 키우고 싶을 것이다. 어느 하나 빠뜨리지 않고 굵고 탐스럽게 키워 자신보다 더 나은 후손을 번창시키고 싶은 마음은 모든 생명체의 본능이니까. 그런데 왜 감나무는 금쪽같은 자식을 버리는 것일까. 자신의 능력을 알기 때문이다. 수없이 달린 열매들을 모두 다 키울 수 없다는 것을 아는 것이다. 그러니 스스로 키울 수 있는 적당한 숫자만 남기고 떨어뜨리는 것이다. 자신의 능력을 알고 있는 것이다. 우리가 아무것도 모른다고 생각하는 나무들도 스스로를 조절할 줄 안다. 분수를 안다고나 할까. 아니 자신의 능력을 안다고 하는 것이 맞을 것 같다.

자신의 능력과 분수를 모르는 것은 사람밖에 없는 것 같다. 사람은 모든 것을 한없이 가지려 한다. 부족한 부분을 채우려는 것이 아니라 언제나 '조금 더' 하는 마음으로 채우고 쌓기를 이어가려는 습성을 가지고 있는 듯하다. 모든 것을 다 가지려는 것은 욕망이 아닌 욕심으로 보인다. 초원이 사자도 배가 부르면 바로 옆에서 풀을 뜯는 얼룩말을 공격하지 않는다. 욕심이 없기 때문이다. 이 세상에서 욕심을 가진 생명체는 사람밖에 없다. 한없이 가지려 하고 한번 가진 것은 절대로 놓지 않으려 한다. 이제 조금은 내려놓고 베푸는 연습이 필요할 듯하다. 결코 쉬운 일은 아닐 것이다.

산속 풍경

비가 온 뒤라 멀리 있던 산이 깨끗한 모습으로 눈앞에 다가온다. 푸른 물감을 칠해 놓은 듯하다. 푸른빛이 진하다 못해 탁할 정도다. 멀리서 여름 산을 보면 어느 나무나 푸른빛을 띠고 싱싱하게 살아 있다. 저 푸른 나무에 죽은 나무가 있다는 것은 아무도 생각하지 않는다. 그러나 등산로를 따라 정상까지 올라가 보면 멀리서 보는 우리의 생각과는 많이 다르다. 죽은 나무와 산 나무가 뒤섞여 있다. 물론 살아 있는 나무가 더 많다. 그러 상상외로 죽은 나무도 많은 걸 알 수 있다.

모습도 다양하다. 빽빽하게 들어선 숲속에는 나 보라는 듯이 크고 웅장한 나무가 있는가 하면 영양실조 걸린 아기 팔같이 연약한 나무도 있다. 살아남기 위하여 머리를 하늘로만 쳐든 키다리 나무도 많다. 이들 나무들이 땅을 깔고 앉아만 있었다면 살아남지 못했을 것이다. 한 조각의 햇살이라도 더 받기 위하여 해를 향하여 발버

둥친 결과로 살아남을 수 있었다. 큰 나무도 예외는 아니다. 하늘을 받칠 것처럼 우람하지만 아랫도리엔 수많은 죽은 가지를 달고 있다.

등산로를 벗어나 숲속으로 들어가 보면 밖에서 보지 못한 또 다른 모습이 있다. 수많은 나무들이 뒤섞여 있다. 산 나무와 죽은 나무가 함께 있다. 누가 누구를 죽였는지도 모른다. 서로가 살아남기 위해 햇살을 많이 차지하려다 약한 나무가 죽은 것일 것이다. 죽은 나무들은 조금은 억울하겠지만 내색하지 않고 자신의 몸을 썩혀서 살아남은 나무에 영양분이 되어 준다. 산 나무는 죽은 동료의 영양분을 먹고 산다. 산에는 항상 죽음과 삶이 공존하는 것 같다. 이것이 자연의 순리인 것 같다.

우리 인간사회도 이런 순리를 크게 벗어나지는 않는다. 이 세상 도처에 경쟁이 이루어지고 있고 삶과 죽음이 항상 공존하고 있다. 오늘의 삶은 내일의 죽음과는 다른 것이라고 누구도 장담할 수 없다. 그러나 우리는 언제까지나 삶만 있을 것이라는 착각 속에서 많은 햇살을 독식하려고 하면서 살아간다. 그런 모습이 주변을 우울하게 한다.

해거리

달력에 가을이 왔습니다. 사람들의 마음에도 왔습니다. 그러나 피부에 와 닿는 느낌은 아직 여름입니다. 길가의 은행나무도 가을이 온 걸 알았는지 열매를 노랗게 물들이고 있습니다. 더러는 땅에 떨어져 무심한 사람들의 발길에 밟혀 부서지고 있습니다. 노란 껍질에 냄새로 무장하고 그 속에 딱딱한 껍질로 감싸고 있지만 무참히 부서져 하얀 가루를 땅 위에 뿌립니다. 붉은색 보도블록 위에 동그란 점으로 부서져 눌러 붙어 있습니다. 어제까지 하얀 가루였던 것이 오늘은 발길에 밟혀서 눌러붙은 껌처럼 보입니다.

올해도 많은 은행나무들이 노란 열매를 구슬처럼 달고 있습니다. 지난해 열매를 달았던 그 가지에 변함없이 달렸습니다. 중간중간에 어떤 나무들은 올해 열매를 달지 않고 있는 것도 있습니다. 생각해 보니 지난해 유난히 많은 열매를 달았던 것이 어렴풋이 생각이 납니다. 아마 해거리를 하나 봅니다. 어릴 적 집 앞에 있던 감나무가 해거리하는 것이 생각납니다. 한 해에 너무 많다고 할 정도로 많이 달리면 여지없이 그다음 해엔 감이 달리지 않았습니다. 그런데 은행도 해거리를 한다고 생각하니 세상 이치는 비슷한 것 같습니다. 너무 욕심내어 많이 달면 영양의 소비가 많아 내년엔 열매를 맺을 기력이 없나 봅니다. 욕심내지 않고 적당히 달면 내년에도 그만한 양을 달 수 있을 것인데 말입니다.

아침 출근길에 해거리하는 은행나무를 보고 이런 생각을 해봅니다. 사람도 마찬가지일 거라는 생각…… 돈이나 명예, 권력 모든 것은 한정되어 있는데 한 사람이 모든 걸 다 가지면 나머지 사람이 가질 것이 없으니까요. 그래서 하느님은 한 사람에게 모든 것을 함께 주지는 않는 것 같습니다. 혹시 한 사람에게 몽땅 다 주었다가 해거리하면 안 되니까요. 그러니까 골고루 나누어 주는가 봅니다. 사람에게 오는 해거리는 무엇일까요. 곰곰이 생각해 봅니다.

원원하기

아침 운동 길에 반가운 얼굴을 만났다. 오랜만이었다. 무척 반가웠다. 예전에 10년 동안 붙어 다니던 사이였다. 집 밖을 나서면 언제나 함께 했다. 집사람과도 아주 친했다. 결혼하고 난 이후에 함께 사귄 사이였기 때문이다. 처음 사귀기로 할 때 집사람도 흔쾌히 동의했다. 그 친구는 키가 작았다. 통통한 몸매로 항상 흰 옷을 입고 다녔다. 가슴에 3267이란 네모난 녹색 명찰을 달고 다녔다. 십 년 만에 만났지만 그때 그 모습이었다.

문득 헤어질 당시의 일이 생각났다. 그때 집사람이 그 친구는 수동이라 많이 힘들어했다. 오토로 바꾸고 다른 사람에게 보내기로 했다. 10년을 같이 했으니 많이 섭섭했지만 둘을 함께 두기는 어려웠기 때문이다. 중고 상사에 문의했더니 이름과 나이, 예전의 병력 등을 상세히 물었다. 실물을 보지 않아서 정확하게는 말할 수 없지만 대략 20만 원 정도면 적당하다고 했다. 생각 이상으로 싼값이라

보내기가 아쉬워 데리고 있었다. 그러던 중에 소문을 들은 사람이 연락이 왔다. 한번 보고 싶다고 했다.

저녁 시간에 찾아와서 얼굴을 자세히 살펴보더니 성격이 어떤지도 한번 봐야겠으니 데리고 동네를 한 바퀴 돌아보겠다고 했다. 부부는 친구를 데리고 나갔다가 한참 만에 돌아왔다. "보기보다 성격 괜찮네요. 전에 집사람이 데리고 있던 '애'하고 같아서 좋을 것 같습니다."라고 하면서 옆에 서있는 부인을 힐끔 쳐다본 후에 말했다. "얼마 드리면 될까요? 70만 원 드릴게요."

내가 말도 꺼내기 전에 자기들이 70만 원 주겠다고 한다. '이게 웬 떡이냐.' 하는 생각이 들어 옆에 선 집사람을 쳐다보니 횡재했다는 표정이다. 큰 인심 쓰듯이 말했다. "좋습니다. 20만 원 깎아 드릴게요. 50만 원만 주세요." 하니 이번에는 저쪽에서 놀라는 표정이다. "깎자는 말씀도 안 드렸는데 20만 원을 깎아 주겠다고 하니 오늘 저희가 횡재했습니다." 하면서 부부가 연신 고맙다고 인사를 한다. 옆에서 집사람이 잘했다고 한다. 그 자리에서 거래를 마치고 넘겨주었다. 다음날 저녁 우유제품 한 상자가 집으로 전달되어 왔다. 어제 고마웠다면서…….

이 거래에 대해 곰곰이 생각해보니 손해 본 사람이 없다. 양편 모두 만족한 거래였다. 만족이 아니라 덕을 보았다고 생각하는 거래가 되었다. 나는 20만 원 정도 받을 것이라는 예상을 깨고 50만 원을 받았으니 30만 원을 더 받았다. 거기에 우유제품 한 상자를 선물로 받았으니 이중으로 덕을 보았다. 산 쪽에서는 70만 원을 주겠다고 했으나 50만 원만 받겠다고 했으니 20만 원의 이득을 보았다. 그러니 모두가 이득만 보고 손해 본 사람이 없다. 이것이

'윈윈'이라는 것인가 보다. 요즘도 가끔 건강한 모습으로 열심히 우유배달을 하는 내 10년 지기知己 '꽁지 없는 참새 같은 차, 프라이드'를 길거리에서 만나면 반갑다.

약속의 힘

'어떤 일에 대하여 어떻게 하기로 미리 정해놓고 서로 어기지 않을 것을 다짐함' 국어사전에 나오는 '약속'의 뜻이다. 누구나 어기지 않을 것을 다짐하지만, 누구나가 지키기 어려운 것이 약속이다. 얼마 전에 '미생지신'이란 고사성어가 등장해 언론의 뉴스 시간을 크게 차지한 적이 있었다. 한쪽에선 약속이니 무조건 지켜야 한단 의견이고 다른 한쪽에선 지키는 것도 중요하지만 상황이 바뀌면 생각을 바꾸어야 한다는 의견을 팽팽히 맞선 사례였다.

우리는 흔히 일본이 강하다는 것을 나타낼 때 그 이유를 약속을 지키기 때문이라고 한다. 1991년 1월 1일에 일본의 어느 백화점이 "2001년 첫 영업일에 이 광고전단을 가져오면 감사의 표시로 선물을 드립니다."라는 전단지를 돌렸다. 10년이 지나서 이 전단지를 들고 백화점으로 온 사람이 무려 1,200여 명에 이르렀다. 백화점 측은 약속대로 '그림접시 시계'를 전달했다. 예상을 초과해 선물이 부족하자 나중에 선물을 우편으로 보내주기로 하고 1천 엔짜리 상품권과 과자를 선물로 주고 사과했다. 중요한 것은 백화점 측이 고객과의 약속을 지키기 위해 담당자들이 이 약속을 인수인계해 오다가 10년 만에 실천한 것이다.

우리도 이런 먼 미래의 막연한 약속들이 지켜지는 사례가 늘고 있어 뿌듯함을 느낀다. 1979년 8월 15일 부산에서 전주로 가던 한진고속버스 안에서 쌍둥이가 태어났다. 이 소식을 들은 한진그룹 '조중훈'회장이 "두 형제는 우리 회사의 복이니 잘 키워주면 한진의 인재로 키우겠다."고 약속했다. 29년이 흐른 2008년 7월 쌍둥이 중의 형이 어머니로부터 그 당시의 이야기를 듣고 자신의 출생관련 서류를 한진 본사에 제출한 후 합격통보를 받았다.

1989년 1월 11일 인천의 길병원 응급실에서 네쌍둥이가 태어났다. 가난한 광부였던 아버지는 병원비와 네 아이 양육에 걱정이 태산 같았다. 그때 이길여 길병원 이사장이 병원비도 받지 않고 "네쌍둥이가 잘 자라 대학에 들어가면 등록금을 주겠다."고 약속했다. 18년 뒤 용인에 살던 네쌍둥이는 간호대학에 입학했으나 등록금 때문에 걱정이 많았다. 이때 또다시 이길여 회장이 네쌍둥이의 대학등록금을 대주면서 "좋은 성적으로 졸업하면 너희들 모두를 길병원 간호사로 뽑겠다."고 약속했다. 이회장은 3년간 등록금 1억2천만 원을 지원하고, 네쌍둥이를 길병원에 취업시켰다. 21년 전의 약속을 지킨 것이다.

온 세상에 많은 약속들이 있다. 지금 이 순간에도 수많은 약속들이 만들어지고 있다. 지켜지는 약속도 있지만 지켜지지 못하는 약속이 더 많다. 처음부터 지킬 생각 없이 한 약속도 많다. 아무도 믿을 수 없다는 불신의 시대다. 그러나 지켜지는 약속이 점점 많아지고 있어 세상이 밝아지고 있는 것 같다. 뜨거운 목욕탕 안에서 "어~ 시원하다."고 하는 아버지의 말만 믿고 탕 안에 뛰어든 꼬맹이 아들이 뜨거운 탕 안에서 놀라 뛰어 나오면서 하는 말 "앗! 뜨거. 세상에 믿을 놈 한 놈도 없네." 부자지간에도 믿지 못한다는 우스갯소리가 널린 세상이다. 그러나 지켜지는 약속이 점점 늘어나고 있는 것은 분명하다. 기쁜 일이다. 지켜지는 약속이 더 많아질 때 우리나라도 선진국의 대열에 들어갈 것이다. 지켜지는 약속이 늘어나는 것은 우리가 살만한 세상으로 한발 더 가까이 다가가고 있다는 증거다.

술 마시는 이유

술을 유난히 좋아하는 친구가 있다. 주선의 경지에 도달하진 않았지만 주신이란 소리는 듣는다. 어느 곳이든 술자리에 빠지지 않는다. 빠지기는커녕 스스로 만들어 주변을 긁어모아 자리를 만든다. 장소불문, 주종불문, 안주불문이다. 가장 좋아하는 술은 무엇인가 하고 물으니 "지금 앞에 놓인 술"이란다. 당장 마시는 술이 최고의 술이라는 것이다. 어떤 사람들은 뭐니 뭐니 해도 공술이 최고라는 사람도 있다. 안주에는 큰 신경을 쓰지 않는다. 있으면 좋고 없어도 그만이다.

왜 그렇게 술을 많이 마시느냐고 물으면 대답이 걸작이다. 어부들 때문이란다. 아무리 생각해도 연관이 되지 않아 모두가 고개를 갸우뚱한다. 지금까진 안주불문이었는데 이젠 안주에 신경을 쓴단다. 주위에선 '이제 슬슬 건강을 생각하는구나.' 하고 짐작했다. 이 친구의 이야긴 우리 짐작과 완전 딴판이다. 요즘 동해안 어부들이 불쌍해서 술을 마신다는 이야기다.

어민들이 이중고에 시달리고 있다고 한다. 배마다 만선기를 달고 들어오지만 만선이 달갑지 않단다. 올 들어 동해안에 꽁치 풍어라 나가는 배마다 만선이다. 그런데도 어부들의 표정이 밝지 않다. 기름값은 천정부지로 오르고 생선 값은 바닥을 헤매기 때문이다. 꽁치 백 상자를 잡아도 한번 출어하는 데 드는 기름값밖에 안 된다. 한번 출어하는 데 드는 기름 값은 백만 원 정도다. 요즘 꽁치 한 상자에 만원이니 백 상자를 잡아야 기름값을 한다. 한 상자에 백 마리가 들어가니 한 마리는 백 원이다. 꽁치 만 마리를 잡아야 기름값을 한다는 말이다. 이러니 어부들의 얼굴이 어두울 수밖에 없는 것이다.

사 먹는 우리야 값싼 생선이 있으니 좋다고 할 수 있다. 횟집에서 서비스로 가장 흔하게 주는 것이 꽁치구이인 것은 꽁치가격이 가장 싸기 때문이란다. 그래서 횟집주인들이 인심 쓰듯이 꽁치를 노릇노릇 구어 낸다는 것이다. 그러니 자기라도 꽁치를 많이 먹어야 어부들이 생활이 나아지고 그러자니 자연히 술을 마셔야 한다면서 이 친구는 오늘 저녁에도 분명히 어부들을 위해서 가까운 횟집으로 갈 것이다.

드디어

한때 마라톤에 빠진 적이 있었다. 10km에서 시작해 하프 그리고 풀코스로 이어졌다. 강도가 올라갈수록 재미가 좋았다. 급기야 산악마라톤으로 옮겨갔다. 해발 890m의 금수산 마라톤이다. 첫해 11km 코스를 뛰었다는 자만심으로 22km 코스에 도전했다. 100km 마일리지를 조금이라도 앞당긴다는 욕심에서… 그러나 결코 쉬운 일은 아니었다. 여름 내내 자고산 능선을 달리면서 실력을 다졌지만 모두가 고수들이었다.

마라톤을 시작한 지 이제 3년, 비록 오랜 기간은 아니었지만 풀코스를 세 번, 하프코스를 열 번 정도 뛰었다. 언제나 출발선에 서면 완주할 수 있을까 하는 두려움이 앞선다. 이날도 예외는 아니었다. 산악마라톤은 이번이 두 번째다. 지난해 경험으로 출발선에서 산악코스로 접어드는 등산로 입구까지의 도로 사정은 알고 있다. 처음 2km 구간은 다른 도로보다는 경사가 급한 두 개의 오르막을 넘어야 한다. 오버하지 말아야지, 그냥 즐겨야지 하는 생각으로 천천히 달린다. 앞으로 다가올 산악 코스에 대한 두려움 반 기대 반으로, 속도는 느려도 끝까지 달려야지 하는 각오로…….

막상 산 밑에 도착한 순간 내 각오는 여지없이 무너졌다. 그냥 걷기도 어려울 정도의 급경사다. 전날 내린 비로 온통 진흙탕이다. 그뿐이 아니다. 5분도 달리지 않아 앞이 막혀 버린다. 도로도 아닌 산길에 체증이 일어난 것이다. 좁은 등산로를 수많은 사람들이 한꺼번에 몰려드니 당연한 일이다. 거기다 등산로가 좁아 추월할 수도 없다. 그냥 도착한 순서대로 가파른 산길을 빠르게 걷는다. 걷고 뛰기를 반복한다. 경사가 너무 급해 뛰기가 쉽지 않다. 조금 경사가 완만한 곳이 오면 앞사람 뒤를 따라 달려본다. 아무 소리도 들리지 않는다. 조금이라도 달릴 수 있는 구간에서 말을 하는 사람은 없다. 산새들도 산길을 달리는 미친(?) 사람들의 발소리에 놀라 멀리 달아난 듯하다. 들리는 건 헉헉하는 숨소리뿐이다. 산 전체가 헉헉거리는 듯하다. 숨이 목을 넘어 머리끝에 와 있는 듯하다.

이렇게 달리고 걷기를 한 시간 남짓, 첫 번째 산봉우리에서 자원봉사자들이 물을 나누어주고 있다. 550m의 '가리봉'이란다. 물을 나누어주는 자원봉사자들이 첫 번째 봉우리라 물 소비가 많다면서 뒷사람을 위해 조금씩 마시라는 주문을 한다. 산을 오르며 온몸의 수분을 땀으로 흘려버린 사람들 귀에 이 말이 들릴 리가 없다. 모두가 다음에 흘릴 땀을 예상한 듯 반병씩 주는 물을 단숨에 마시고 손을 내민다. 뛰어봐야 벼룩인데도 급한 마음에 마시면서 뛴다. 항상 첫 번째 봉우리가 가장 힘이 든다. 이제부터는 오르락내리락 반복하지만 몸이 적응하면서 조금은 쉽다.

565m의 '저승봉'을 오르려니 죽을 것 같다. 이름조차 듣기 끔찍한 저승봉을 지나면 첫 번째 탈출로가 나온다는 걸 알고 있다. 이곳을 통과해서 계속 가면 고생길이 훤하다. 왼쪽으로 꺾어 탈출로로 접어들면 고생 끝이다. 탈출로로 발길을 돌리고 싶은 마음은 간절한데 몸은 벌써 지나와 있다. 뒤돌아보니 탈출로에 들어선 사람은 아무도 보이지 않는다. 또다시 경사가 심해지자 빠른 걸음으로 걷고 있다. 걷는 것도 힘이 든다. 학봉 정상을 조금 밑에서 또다시 체증이 걸렸다. 큰 바위들이 늘어선 암릉 구간 때문이다. 체증으로 달리지는 못해도 바위틈에 뿌리내린 예술품 같은 소나무를 보는 재미도 쏠쏠하다.

몇 번인가 오르막과 내리막을 반복한 뒤에야 초고봉인 신선봉에 도착했다. 힘들게 최고봉에 이르니 신선이 된 기분은 아니지만 이제는 살았다는 기분이다. 여기서부터 반대편 능선까지는 내리막이기 때문이다. 지금까지 내뱉던 숨소리 대신 콧노래가 나온다. 내려갈수록 진흙탕 길이지만 피해가는 사람은 없다. 지루한 진흙 길을 벗어나니 건너편 마을 어귀에 급식소가 보인다. 힘들고 배가 고파 포기하고픈 마음이 간절하지만 저기서 간식을 먹을 수 있다는 생각에 다시 힘을 낸다. 급식소엔 미숫가루가 준비되어 있었다. 단숨에 두 그릇을 비우고 한 그릇 더 먹어도 되냐고 물으니 마음껏 마시란다. 일곱 그릇 먹고 간 사람도 있단다. 옆에 있던 자원봉사자가 "그 사람 결국 못 뛰고 포기했단다. 너무 많이 먹어서" 하고 웃는다. 산길을 세 시간 정도 달렸으니 배도 고플 것이다. 그러니 두세 그릇은 기본이다.

급식소를 지나 맞은편 산을 오르는 마을 뒷길은 지루하기 짝이 없다. 완만한 경사의 콘크리트 포장길이 배부른 주자들을 지치게 한다. 포장길을 떠나 산길로 접어드니 차라리 낫다. 이제부터는 급경사 지역은 없다. 대신에 힘이 없다. 힘이 들기는 마찬가지다. 울트라 완주 경험자가 훈수를 둔다. 산악이나 울트라나 전 구간을 뛴다고 생각지 말라. 힘들면 걷고 평지면 가볍게 뛰고 내리막이면 뛰고, 그러면서 같이 가잔다. 마라톤 선배의 노하우를 들으면서 한 시간 남짓 가다가 헤어져 각자의 페이스대로 간다. 마라톤은 인생과 같다는 말처럼 내 페이스대로 간다. 긴 시간을 걷고 뛰면서 다양한 사람을 만나고 많은 이야기를 듣는다. 타산지석이라고 모두가 도움이 되는 말들이다.

이름도 없는 작은 봉우리를 넘고 넘으면서 포기하고픈 생각이 수없이 난다. 울트라를 4회 완주했다는 50대 중반의 대선배가 산악 훈련이 안 되어 100km 울트라보다 더 힘이 든다면서 힘겹게 산을 넘고 있다. 그분을 보고 나는 아직 젊다는 생각으로 뛰고 또 뛴다. 마지막 봉우리에 올라 가쁜 숨을 몰아쉬며 청풍호반을 내려다보는데 뒤에서 독촉 소리가 들린다. 제한시간 10분전이니 빨리 뛰란다. 뛰라고 해서 뛸 수는 없다 그저 내 페이스대로 뛴다. 그렇지만 한편으로 남은 거리와 시간을 짐작해 본다. 잘하면 제한시간 5시간 안에 들어갈 수도 있을 것 같다. 욕심내지 말아야지 하면서도 내리막에서 속도가 붙는다. 아직 욕심을 버리지 못했나보다.

힘겹던 산을 벗어나 도로에 들어서니 5분 전이다. 젊은 자원봉사자가 조금만 뛰면 시간 내에 들어갈 수 있다고 같이 뛰어 주겠다고 나선다. 무리하지 말자는 생각에 고맙다는 인사로 대신하고 오르막길을 혼자서 달린다. 그러나 눈은 자꾸만 시계로 간다. 4시간 57분,

이제 3분 남았다. 숨은 턱에 닿았고 다리 힘은 빠지고, 뛰어야 하나 걸어야 하나 갈등이 생긴다. 마지막 고개 정상 직전에 잠시 걷다가 다시 뛴다.

이제는 내리막만 남았다는 욕심에 속도를 내어 모퉁이를 돌아서니 결승선이 보인다. 뒤에서 달리던 사람이 1분 남았으니 빨리 가자며 같이 뛰어준다. 둘이서 같이 결승선에 들어서는 걸로 힘겨운 일정을 마쳤다. 4시간 59분 12초 제한시간을 48초를 남겨두고 완주했다. 산길 22km를 뛰고 279등을 했다. 장년부 꼴찌다. 그로부터 1년 뒤 다시 찾은 금수산 산악마라톤 출발점에서 한 장의 사진을 보았다. 밑에 적힌 글이 걸작이다. <드디어 해냈다> 힘들고 지쳐 곧 쓰러질 것 같은 내 모습이다.

기부

걸어서 출근을 했다. 많은 사람들이 바쁘게 자신의 삶터를 향한다. 학교로 직장으로 가게로…… 어떤 이는 벌써 가게 문을 열고 도로변에 물건을 진열한다. 셔터 문을 올리는 사람도 있다. 셔터 문틈에 반으로 접힌 신문이 꼽혀 있는 곳도 있다. 아마도 새벽 일찍 배달된 신문일 것이다. 모두가 참으로 부지런하다. 오가는 사람이 서로 부딪칠 정도로 바삐 움직인다. 오가는 사람들을 보면서 이런 생각을 해본다. 사람이란 서로가 주고받으면 살아간다는 생각. 도움을 주고 도움을 받기를 반복하면서 살아가고 있다는 생각이다.

나는 어떨까 생각해 본다. 주는 것이 많을까 아니면 받는 것이 많은지를…… 아마도 받는 것이 많지 않을까 생각된다. 주변으로부터 많이 받고 살아가는데 준 것은 별로 없는 것 같다. 별로 없는 것이 아니라 아주 없는 것 같다. 며칠 전에 큰아이에게 이런 말을 했다. "이제 취업을 했으니 첫 월급 타거든 1%만 사회를 위해 기부를 하면 어떻겠니." 봉사단체도 좋고 복지시설도 좋고 매월 봉급에서 자동이체 시켜서 기부를 하라고 권유를 했더니 선뜻 그렇게 하겠단다. 고마웠다. 작은 돈이지만 나가 아닌 남을 위해 내어놓을 수 있다는 것이 긴 인생을 살아가는 데 좋을 것 같아서 부탁한 일인데 승낙하니 고마웠다.

대략 10년 전쯤에 사랑의 자투리 모금을 한 적이 있다. 봉급에서 1계좌당 999원을 기부하는 방식이었다. 5계좌를 신청해 4,995원을 기부했다. 이젠 너무 오래되어 나가는지도 모르고 있다. 연말에 세금 정산용 영수증이 날아오면 기부금 공제받아야 되겠구나 하는 정도로 생각한다. 지난해 아프리카 기아구호단체에 2만 원을 자동 이체시켰다. 이것이 내가 세상을 위해 내어놓는 모두인 것 같다. 다른 것은 아무리 생각해도 없다. 좀 더 해야 한다는 생각은 하지만 쉽지 않다. 그런 면에서 볼 때 교회 다니는 사람들은 매월 십일조를 헌금하니 참으로 대단한 것 같다. 절에 다니는 사람들도 갈 때마다 '불전함'에 넣기는 하지만 비정기적이다. 나는 법당에 들어서면 망설인다. 얼마를 넣을까. 만 원? 오천 원? 천 원? 만 원을 넘는 경우는 매우 드물다.

어느 봉사단체에서 캄보디아 어린이 비타민보내기운동에 동참하라는 권유를 받았다. 한 달에 만 원이다. 이 정도는 내 생활에 큰 영향을 미치는 것은 아니다. 그런데도 선뜻 대답을 못 하니 조금 한심한 생각도 들었다. 이달부터라도 1만 원을 넣어야겠다. 불교에서는 이생에서 적선의 탑을 쌓아 놓으면 후손들이 그 음덕을 입는다고 한다. 이제부터라도 기부의 탑을 쌓아야겠다. 비록 작지만 한 칸씩 한 칸씩…… 그냥 조용하게…… 한 달에 만 원씩이라도. 그 만원으로 아이들이 건강해지고 공부를 하는 데 작은 보탬이 되면 좋은 일이 아닌가. 시간이 지나면서 나의 기부금 종류도 늘었다. 사랑의 자투리, 에티오피아 평화마을, 착한일터, 호이장학금…… 언제까지 이어질지는 모른다.

톱니바퀴

제2차 세계대전이 끝난 뒤 태평양 군도의 원주민들이 이상한 행동을 보이기 시작했다고 한다. 활주로를 만들고 나무를 얼기설기 엮어서 관제탑도 만들었다. 야자열매를 잘라 헬맷처럼 쓰고 나무 막대기를 소총처럼 메고 활주로 주변을 순찰을 돌기도 한다. 인류학자들이 왜 이런 행동을 하는지 연구하니 전쟁 중에 보았던 미군 흉내를 내는 것이라고 한다.

전쟁이 끝났지만 활주로를 만들어 놓고 순찰을 돌면 보급품을 가득 실은 비행기가 내려앉을 것이라고 생각했기 때문이다. 전쟁 중 미군들이 나누어준 보급품과 잘못 떨어뜨리거나 해안으로 밀려온 전쟁 보급품에 맛을 들인 원주민들이 그걸 잊지 못해서 하는 행동인 것이다. 한번 길들여지고 높아진 생각은 여건이 바꾸어져도 변하기 어렵다는 이론이다. 이걸 톱니바퀴효과라고 한다. 부자가 망해도 명품만 찾고, 경차는 타지 않고 작은 집에 살지 못한다는 것과 비슷한 원리다. 현실을 보지 못하고 지나간 향수를 간직하는 것이 자존심이라고 생각하는 것 같다.

스님이 목수를 불러 일주문 수리를 부탁했다. 목수는 정성껏 일주문을 수리했다. 마음이 흡족한 스님은 목수에게 감사의 표시로 귀한 곡차를 대접했다. 목수가 "스님 저는 술을 마시지 못합니다."라면서 정중하게 사양했다. 평소에 술을 잘 마시던 목수가 갑자기 술을 못 마신다 하니 이상하여 이유를 물으니 답은 간단했다. "스님의 뜻은 고맙지만 저는 매일 막걸리만 마십니다. 오늘 제가 스님이 주신 향기로운 술을 마시고 입맛을 돋우어 놓으면 앞으로 값싼 막걸리를 마시기 어려워질 것입니다. 막걸리를 마실 때마다 향기로운 술이 생각나면 어떻게 되겠습니까?" 라고 했다. 이 말을 들은 스님이 벌떡 일어나 큰 절을 했다. 향기로운 곡차의 유혹을 물리친 목수가 큰 스승이었던 것이다.

금융위기 이후 취업난이 심각하다. 이태백에 이어 십장생이란 신조어도 나왔다. '십 대도 장차 백수를 생각해야 한다.'는 말이란다. 이정도로 취업난이 심하다는 말일 것이다. 반면에 기업에선 일할 사람을 구하지 못해 아우성이다. 너도나도 대기업만을 찾으니 중소기업은 일할 사람이 없다. 구직난과 구인난이 함께 있는 일자리 미스매치다. 우리 사회에도 많은 사람들이 톱니바퀴효과에 취해 있는 것 같다. 아직 지난날의 영광과 어린 시절 꿈과 공상에서 벗어나지 못하고 있는 것이다.

눈높이를 조금만 낮추면 일자리도 보인다. 일을 하면 자기 만족도 보인다. 위도 있고 아래도 있는데 그동안 우리 모두가 위쪽만 쳐다보고 살아온 것 같다. 지나간 톱니바퀴는 결코 다시 돌아오지 않는다. 자신이 새로운 톱니바퀴를 만들기 전에는…… 내가 옛날에 무슨 일을 했는데, 우리 아버지가 누구인데 하는 생각을 버리지 않으면 세상살이가 어렵다. 지나간 톱니바퀴에서 벗어나면 감사함이 보이고 행복도 보인다. 이제 홍씨로 살아가는 연습을 해야겠다.

퍼즐 맞추기

딸아이 방에 액자로 만들어진 큰 퍼즐이 걸려 있다. 일천 개의 조각으로 된 세계지도다. 딸아이가 대학에 입학하면서 사온 것이다. 너무나 복잡해서 완성하는 데 오랜 시간이 기간이 걸렸다. 한 번에 완성한 것이 아니다. 수없이 맞추고 쏟기를 반복했다. 일요일에 한나절 동안 반쯤 맞추고 잠시 방을 비운 사이 엄마가 청소하면서 뒤집어버리기 일쑤였다. 다 맞춘 퍼즐도 누군가의 발길 한번이면 끝이다. 다시 시작해야 한다. 실수든 고의든 상관이 없다. 그러나 끈기로 버틴 덕분에 완성됐다.

누구나 살아가는 인생은 자기만의 퍼즐 맞추기다. 다만 그 조각의 수가 적거나 많은 것이 다를 뿐이다. 조각의 숫자와 상관없이 모두를 맞추기 위해서는 혼신의 힘을 기울인다. 방법도 시간도 다르다. 어떤 사람은 테두리에서부터 맞추어 나가지만 또 다른 사람은 가운데부터 맞추어 나온다. 누가 옳고 누가 그른지 모른다. 어느 누구도 틀리지 않았다. 서로의 방식이 다를 뿐이다. 단지 같은 점은 하나의 퍼즐을 완성하기 위하여 최선을 다한다는 것이다.

직장인의 가장 큰 소망은 승진이다. 공직에서 사무관 승진은 가장 큰 기쁨이다. 그 기분은 단계별로 이루어지는 어느 승진과도 바꿀 수 없다. 나 역시도 그러했다. 사무관이란 퍼즐을 맞추었을 때 표정관리가 어려울 만큼 기뻤다. 그때 나는 옆을 돌아볼 줄 몰랐다. 내 눈앞에 맞추어진 나의 퍼즐만 볼 줄 알았다. 나의 퍼즐에 가려진 다른 퍼즐은 볼 줄을 몰랐다. 볼 생각도 못했다. 되돌아보면 나와는 상관없는 일이라고 생각했을 것 같다. 그러나 한 번쯤 돌아보아야 했었다. 내 것을 맞추느라고 남의 퍼즐을 뒤집지는 않았는지, 남의 퍼즐 한 조각을 감추지는 않았는지도 돌아보아야 했었다. 나는 아니라고 생각하지만 다른 사람들은 그렇게 생각하지 않을 것이다. 단지 내가 그 사실을 알지 못하고, 그렇지 않다고 스스로 생각하지만 나로 인하여 뒤집혀진 퍼즐 때문에 눈물을 흘린 사람이 있을 수도 있다.

오늘 하나의 퍼즐을 맞추었다고 끝이 난 것은 아니다. 분명 또 다른 인생의 퍼즐이 기다리고 있다. 아마도 앞으로 내 앞에 나타날 퍼즐은 조금은 더 복잡할 것이다. 그러나 미리 겁먹을 필요는 없다. 조금은 더 힘이 들겠지만 멈추지 않으면 언젠가는 맞출 수 있다. 조금은 더 힘들 수도 있다. 어렵게 맞추어진 퍼즐이 다른 사람에 의하여 뒤집혀질 수도 있을 것이다. 그러나 원망만 할 일은 아니다. 한번 쯤 되돌아보면 그동안 나도 남의 퍼즐을 많이 뒤집었을 수도 있지 않는가.

내가 원했던 나의 퍼즐을 맞추기까지는 수많은 사람들의 도움이 있었다. 그 도움이 있었기 때문에 가능했다. 혼자의 힘만으로는 결코 쉬운 일이 아니다. '선배의 지원과 동료의 믿음, 후배의 후원'이 있었기에 가능했다. 주변의 많은 사람들이 해주었던 "이렇게 해라. 저렇게 해라. 그건 아니다. 조금 더 열심히 해라. 생각을 가지고 일해라."고 했던 훈수가 그것이다. 또 하나 가족의 역할도 적지 않았다.

서정주 시인의 '국화 옆에서'라는 시에는 '한송이의 국화꽃을 피우기 위해 봄부터 소쩍새는 그렇게 울었나 보다. 한송이의 국화꽃을 피우기 위해 천둥은 먹구름 속에서 또 그렇게 울었나 보다.'라는 내용이 있다. 소쩍새와 천둥이 울어주지 않고 무서리가 내리지 않는다고 해서 국화꽃이 피지 않는 것은 아니다. 그러나 그들의 도움이 있고 그들의 마음이 녹아있기에 국화꽃은 더욱 아름다운 것이다. 오늘의 내가 있는 것은 옆에서 말없이 도와준 수많은 소쩍새와 천둥과 무서리가 있었기 때문일 수도 있다.

가끔은 이런 생각을 해본다. 그동안 나는 남을 위하여 얼마나 울어주었는가. 별로 생각이 나지 않는다. 생각이 나지 않는 것이 아니라 없는 것 같다. 조금은 부끄럽다. 오늘도 앞에서 기다리고 있는 새로운 나의 퍼즐을 맞추어 가면서, 다른 사람의 퍼즐 맞추기에 소쩍새와 천둥이 되었으면 한다. 간섭과 참견이 아닌 도움으로, 진심 어린 마음으로, 결코 쉬운 일은 아닐 것이지만 해야 할 일이다. 내가 퍼즐 맞추기에 받은 도움처럼 나의 도움이 남의 퍼즐 맞추기에 작은 힘이 될 수도 있다는 생각으로 …….

철밥통이라니?

규모가 큰 오케스트라는 대략 1백여 명의 단원으로 구성된다. 바이올린부터 첼로, 비올라, 피아노는 물론 트라이앵글까지 참여한다. 교향곡이 시작하면 모든 단원들은 악보와 지휘봉을 번갈아 보면서 자신의 소리를 내기에 바쁘다. 악기에 따라 맡는 역할도 제각각이다. 바이올린이나 드럼이 바쁘다면 호른이나 콘트라베이스는 여유가 있어 보인다. 모두가 제 역할을 충실히 수행하기에 완벽한 하모니를 이룬다.

오케스트라 연주 장면을 유심히 보면 조금은 특이해 보이는 것이 있다. 오른편 뒤쪽 구석에서 연주가 끝날 때까지 조용히 앉아 있기만 하는 것처럼 보이는 연주자가 있다. 시작한 지 한 시간 가까이 되어도 지휘봉만 쳐다볼 뿐 아무것도 하지 않는다. 끝 무렵에 가서야 슬며시 일어나 '챙~' 하고 한번 울리고는 다시 자리에 앉는다. 한 시간이 걸리는 교향곡 연주에서 심벌즈 연주자의 역할은 그걸로 끝이다.

언뜻 보기에는 누구나 할 수 있는 것처럼 보인다. 음악을 전문으로 한 사람이 아닌 초등학생도 할 수 있는 것처럼 보이는 단순한 연주다. 역할이 적다고 다른 단원들보다 봉급을 적게 받는 것도 아니다. 경제논리로 보면 결코 맞지 않는 이야기다. 한 악장의 연주에서 단 한번 울리지만 결코 빠져서는 안 된다. 역할이 적다고 아무에게나 맡길 수도 없다. 전체 음악의 흐름을 읽을 수 있는 실력을 갖춘 연주자만이 할 수 있는 것이다. '철밥통 깨기'라는 이름을 붙인 인사실험이 진행된 적이 있었다. 공직사회 흔들기라는 평가와 획기적인 평가라는 평을 동시에 받았었다. 처음 울산에서 시작된 실험은 봄바람을 타고 서울에 입성한 후 전국으로 퍼져 나갔다. 한 마디로 요약하면 "일 안하고 게으른 공무원은 퇴출시킨다."는 것이다. 즉 '교통량 조사, 거리청소 등 단순 업무에 투입해 6개월간 현장 업무를 시킨 후 재심사해 개선되지 않으면 퇴출시키는 것이다.

취지는 좋았다. 지금까지 인센티브 위주의 인사정책에서 페널티로 바꾸는 작업이다. 그러나 그 이면을 자세히 들여다보면 많은 문제점이 있다. 먼저 대상자 선정에 대한 명확한 기준이 없다. 공직사회는 일반 기업과 달리 추구하는 목표가 다르다. 기업이 철저한 이윤추구라면 공직은 주민에 대한 서비스 제공이다. 기업에서의 평가는 간단하다. 어느 부서나 직원이 얼마의 실적을 올렸는가만 평가하면 된다. 공직은 다르다. 모든 일이 주민생활과 직결되어 있다. 주민들의 수요가 적은 일이라고 해서 없애지 못한다. 극소수의 민원인이 원하는 일이라도 유지해야 한다. 그런 일에 담당자를 배치하는 것이 낭비처럼 보일수도 있다. 그러나 오케스트라의 심벌즈처럼 없앨 수는 없다. 수요자인 주민이 있기 때문이다.

사회일각에서는 공직사회는 무조건 게으르고 부패한 것쯤으로 치부하기도 한다. 그러나 아니다. 모든 공무원들이 부패하고 게으른 것만은 아니다. 그건 극히 일부다. 공무원은 6시 칼퇴근이 정석으로 알고 있다. 모르는 말이다. 아침 일찍 출근해서 밤늦게 퇴근하는 공무원이 훨씬 더 많다. 백조의 상체만 보지 말고 물속에 잠겨 있는 발도 좀 보아야 한다. 무조건적인 부정적 시각에서 벗어나야 한다. 친절에 대한 기준도 모호하다. 민원인을 상대로 설문조사를 해보면 동일한 공무원을 두고 극과 극의 다른 평가가 나온다. 자신이 원하는 민원을 해결한 사람은 매우 친절하다고 하는 반면에 그렇지 않은 사람은 불친절하다고 한다. 심지어는 은근히 뭔가를 바라는 눈치였다고 한다. 그런 말을 들으면 많이 억울하다.

호국평화의 도시 칠곡 속으로

55년 된 물

일본 작가 '에모토 마사루'가 쓴 『물은 답을 알고 있다』라는 책이 베스트셀러가 된 적이 있다. 물에 좋은 말과 음악을 들려주고 좋은 그림이나 글씨를 보여주면 아름다운 결정체로 반응한다고 한다. 반면에 욕을 하거나 부정적인 말을 하면 똑같은 물이지만 일그러진 모습을 나타낸다고 한다. 물도 주변 환경과 자극에 따라 다양한 형태로 변화하는 의식이 있는 생명체이기 때문이라는 것이다.

2006년 5월에 전사자 유해감식단이 철원 인근 비무장지대에서 55년 전에 전사한 국군의 유해를 발굴했다. 참호 속에서 발견된 전사자는 포탄에 맞은 듯 두개골은 으깨어져 있었다. 유해 부근에선 철모와 탄띠, 숟가락 등 122점의 유품도 함께 발견됐다. 또 하나 특별한 유품이 발견됐다. 수통이다. 수통 속에는 전사자가 마시다 남긴 물이 55년 동안이나 밀폐된 상태로 남아 있었다. 기적 같은 일이다. 유해가 발견된 곳은 1951년 6월에서 9월까지 국군이 중공군을 맞아 치열한 공방전을 벌였던 격전지다.

『물은 답을 알고 있다』의 저자 '에모토 마사루'의 주장을 따르면 수통 속에서 55년 동안이나 보관된 물은 어떤 답을 가지고 있을까? 어떤 잔영이 남아 있을까? 단지 그날의 마지막 기억만 남아 있을까? 아닐 것이다. 그 물속엔 무명용사의 마음이 고스란히 담겨져 있을 것이다. 전투에 대한 두려움과 죽음에 대한 공포심, 애국심, 전우애, 마지막 순간의 고통도 담겨져 있을 것이다. 더 이상 조국을 지키지 못한 한恨도 서려 있을 것이다.

그날 조국을 지키다 산화한 무명용사는 자기 몫을 다했다. 이제 남은 일은 남아있는 우리들의 몫이다. 우리가 가장 시급히 해야 할 일은 무명용사의 신원을 밝혀 가족 품에 돌려보내는 일이다. 그것이 우리가 반드시 해야 할 의무다. 그리고 유해 발굴사업을 계속 추진해 한 사람의 무명용사도 남지 않도록 해야 한다. 다행히 육군에 '전사자 유해감식단'이 구성되어 유해발굴사업을 계속 추진하고 있어 안심이 된다. 조만간 수통의 주인을 찾았다는 낭보를 듣고 싶다.

우리는 2004년 경북 안동에서 유해발굴단이 유해와 함께 발굴한 김학겸 일등상사의 목도장과 이만초 상병의 인식표를 기억하고 있다. 그러나 아쉽게도 그들의 영혼이 가족 품으로 돌아갔다는 소식을 아직 듣지 못했다. 발견 소식 못지않게 뒷 소식도 듣고 싶다. 반면에 낙동강 방어선 전투의 중심에 있는 칠곡군의 328고지에서 발견된 삼각자의 주인인 '최승갑 하사'는 가족의 품으로 돌아갔다. 그리고 영화 '태극기 휘날리며'의 모티브가 되어 1,174만 명의 관객을 동원하는 흥행작이 되었다.

55년 동안 수통 속에 남아 있었던 물은 소중한 것이다. 전쟁의 비참함과 애국심을 간직하고 있는 성수(聖水)와 같은 존재일 수도 있다. 성수와 같은 그 물은 투명 용기에 담아 영원토록 보관하는 것도 국가의 소중함을 일깨우는 좋은 방법일 것이다. 호국정신의 상징인 동시에 평화에 대한 염원으로…….

(2006년 5월)

사드

기독교계의 중학교를 다녔다. 미션스쿨이라 불렀다. 그전까지는 종교에 대한 개념이 없었다. 교회는 크리스마스 때 빵을 주는 곳 정도로만 인식하고 있었다. 입학을 하고 나니 사정이 달라졌다. 가장 먼저 성경책과 찬송가책이 배부되었다. 교과서는 가지고 다니지 않아도 이 두 권의 책은 3년 내내 가방에 넣고 다녀야 했다.

매주 수요일 셋째 시간에 전교생이 강당에 모여 예배를 봤다. 모든 학급에서 이루어지는 조회는 기도로 시작되었다. 번호 순서에 따라 아침예배를 인도했다. 학생들은 먼저 성경구절을 봉독하고 찬송가를 선창했다. 마지막으로 기도문을 읽었다. 예배인도는 두 달에 한 번 정도 돌아온다. 자기 순서가 다가오면 학생들은 긴장한다. 어떻게 할 것인가를 두고 고민을 한다. 기도에 익숙하지 않은 많은 학생들은 다른 학생들의 기도내용을 베끼거나 약간 바꾸어서 읽는다. 두 달에 한 번씩 돌아오는 이 시간이 학생들에게는 큰 짐이었지만 학교에서는 결코 바꾸지 않는 시간이었다.

매주 한 시간씩 종교 시간에 교목 선생님으로부터 성경 강의를 들었다. 어느 날 교목 선생님이 학생들에게 질문을 던졌다. "만약에 예수님이 군대를 몰고 우리나라를 쳐들어오면 어떻게 할 것인가?" 종교시간에 교목선생이 중학생들에게 하는 질문으로서는 대단히 어려운 것이었다. 모두가 묵묵부답이다. 선생님이 지목을 하자 한 학생이 마지못해 "예수님이 오시니까. 당연히 나가서 영접을 해야 합니다."라는 대답이 나왔다. 다른 학생은 "나가서 싸워야 한다."고 하고 또 다른 학생은 "모르겠다."고 한다. 다양한 대답들이 나왔다

선생님이 정리를 하셨다. "당연히 나가서 싸워야 한다." 학생들의 눈이 휘둥그레졌다. 명색이 목사라는 사람이 하나님의 아들인 예수님이 오시는데 나가서 싸운다니 이해가 되지 않는다는 표정이다. 선생님의 설명이 이어졌다. "내가 목사이고 우리 학교가 미션스쿨이지만 당연히 나가서 싸워서 나라를 지켜야 한다. 우리들이 살고 있는 이 나라는 반만년 동안 우리 선조들이 지켜 오셨고, 우리 후손들이 영원히 살아가야 할 소중한 삶의 터전이다. 따라서 우리는 사상과 종교를 초월해서 이 나라를 지켜나가야 한다. 이것이 우리 모두에게 주어진 사명이기 때문이다."라면서 마무리했다.

북한의 핵도발 위험이 점점 높아지면서 한미 양국은 사드 배치를 결정했다. 미군 부대가 주둔 중인 평택과 군산 왜관에 배치될 것이라는 기사가 나오기 시작했다. 해당 지역 주민들은 반발했다. 자치단체에서는 무엇을 하고 있느냐고 하는 질책이 이어지자 일부 단체장들은 다양한 통로를 통하여 정보를 수집하고 반대 입장을 표명했다. 동시에 찬사와 욕설이 쏟아졌다. 해당 지역 주민들은 최고라고

치켜세우고, 다른 지역에서는 지역이기주의라고 비난이 쏟아졌다.

배치가 결정되기까지 많은 지역에서 큰 홍역을 치렀다. 배치지역으로 거론되는 단체장들은 곤혹스러웠다. 중앙정부로부터 배치결정에 따른 아무런 정보도 받지 못한 상태에서 입장 표명을 강요받았다. 많은 주민들은 사전에 의견조율이 이루어졌거나 묵인한 것이 아닌가 하는 의심의 눈길도 보낸다. 국가안보라는 이름으로 지방자치단체가 철저히 배제된 가운데 이루어지는 사드 배치에 대하여 많은 단체장들은 억울해 한다. 어쩔 수 없이 궐기대회에서 반대발언을 쏟아내고 결사 저지를 약속한다. 삭발과 단식투쟁도 서슴지 않는다.

사드 배치의 필요성은 누구나 알고 있다. 해당지역의 주민들도 필요성은 알고 있지만 불안해한다. 건강에 미치는 영향에 대하여 막연한 두려움을 때문이다. 언론에서 쏟아내는 확인되지 않은 전자파 유해성을 들으면 가슴이 섬뜩할 정도다. 반대하는 측에서는 '전자파를 맞으면 SF영화에 나오는 레이저 총에 맞은 것처럼 되고 살아있는 생명체를 전자레인지에 넣고 돌리는 것과 같다.'고 주장한다. 이러한 상황에서 잘못된 정보라거나 허구일 뿐이라고 반박하거나 안전성을 홍보하는 기관도 없고 사람도 없으니 주민들은 불안하다. 그러니 국가안보의 중요성을 알고 있지만 자기 지역에 배치되는 것은 기를 쓰고 반대하는 것이다.

어느 시대나 님비현상은 있었다. 작은 쓰레기 매립장을 만들 때도 해당 마을 주민들이 반대를 한다. 그러면 이웃마을에서는 "도대체 쓰레기는 어디에서 처리하느냐."면서 반대가 너무 심하다는 비난이 쏟아지고, "그럼 너희 마을에 가져가라."고 또다시 반격한다.

혐오시설에 대한 반대와 반대에 대한 비난으로 이어지는 악순환은 계속된다. 이것은 오랜 시간 동안 갈등과 감정의 앙금으로 남게 된다. 크게는 방사선 폐기물처리장 건설 때도 그러했고, 송전선 설치도 마찬가지였다. 심지어 시골 마을 인근에 작은 공장이 하나 들어올 때도 일어나는 경우가 있다.

님비현상의 극복을 위해서 가장 필요한 것은 소통과 정보 공유다. 누구나 기피하는 혐오시설에 대한 정확한 정보를 해당 지역 주민들에게 제공하고 그 필요성을 홍보하면 극복이 불가능한 일만은 아닐 것이다. 주민들이 가지는 불안감에 대하여는 충분한 대비책을 수립하고 반드시 실천하겠다는 신뢰감을 주어야 한다. 혐오시설의 수용에 대한 충분한 인센티브도 따라야 한다. 물론 몇 차례의 형식적인 만남을 통하여 불안감과 두려움을 해소하기는 어려울 것이다. 진정성을 가지고 대화하고 설득하는 것이 님비현상을 극복하는 최선의 길일 것이다. 물론 쉬운 일은 아니다.

사드 배치도 마찬가지다. 앞에서 말한 것처럼 사드 배치의 필요성은 누구나 공감한다. 다만 주민들이 가지는 건강에 미치는 유해성 논란에 대하여 정확한 정보를 공개하고 그에 대한 대비책을 동시에 제공했다면 지금도 현재진행형인 사드 배치의 논란은 오래전에 끝이 났을 것이다. 우리 국민 어느 누구도 국가안보의 중요성을 망각하고 사는 사람은 없다. 국가안보가 그 어느 것보다 중요하다는 사실을 알고 있기 때문이다. 사드 배치의 논란을 겪으면서 "어떠한 경우에도 이 땅을 지켜내야 하는 것은 우리의 사명이다."고 하신 중학교 교목 선생님의 말씀이 떠오른 것은 결코 이상한 일은 아닐 것 같다.

부부싸움

인오가 집 앞 식당에 문을 등지고 앉아 있다. 테이블 위에는 소주 한 병과 어묵 한 그릇이 놓여 있다. 소주병은 이미 바닥을 보이고 있으나 어묵그릇은 손도 대지 않아 식어가고 있다. 인오가 주방 쪽으로 고개를 돌리고 말없이 검지를 펴 보이자 주인이 냉장고 문을 열고 얼음같이 찬 소주 한 병을 테이블 위에 놓으면서 한마디 한다. "안주도 먹으면서 마셔." 인오는 주인을 쳐다보고 알 듯 모를 듯 묘한 웃음을 지어 보인다. 주인이 식은 어묵 국물을 비우고 뜨거운 국물을 부어서 새로 가져 오자 한 숟가락을 입에 떠넣고 입맛을 다신다. "왜 그래?" 하면서 주인이 맞은편에 앉는다.

"형님 집에서 한 판 했어요." 인오는 언제부터인가 성격 좋고 인심이 넉넉한 식당 주인을 형님으로 부르고 있었다. 어려운 일이 있을 때는 의논도 하고 속이 답답할 땐 하소연도 하고 그랬다. "살다가 보면 싸우기도 하고 그렇지 너무 속상해하지 마. 부부싸움은 칼로 물 베기라고 하잖아. 한잔 하고 들어가서 화해하고 그래." 인오가 한숨을 내쉬고 술잔을 내밀자 주인이 받아 마시고 한마디 한다. "왜? 뭣 때문에 싸웠어? 평소에 잘 싸우지도 않았잖아?" "도대체 말이 안 통해요. 답답해 죽겠어요. 형님 우리 집 잘 알잖아요. 아파트도 낡았고, 게다가 1층입니다. 그래서 창문 샷시를 갈고 방범창을 달려고 해요." "그래, 집이 많이 허술하지, 요즘 좀도둑들도 많고 방범창을 설치하면 좋지. 며칠 전에 3동에서도 도둑이 들어서 결혼패물을 몽땅 털어 갔다고 하더군."

그 말에 인오가 반색을 하고 나온다. "제 말이 바로 그 말입니다. 아무리 설명을 해도 도무지 말을 들으려고도 하지 않습니다. 언제 형님이 한번 말씀해 주세요." "글쎄 동생 말도 안 듣는데 제수씨가 내 말을 들을까? 그런데 제수씨는 왜 반대를 하는데, 그만한 이유가 있을 것 아니야. 그게 뭔데." 인오가 말없이 한 잔을 들이키고 천장을 멍하니 쳐다만 본다. 이유가 이유 같지 않아 말할 가치도 없다는 표정이다. " 그 이유가요. 미관을 해친다는 것입니다. 창문에 창살이 얽혀 있으면 답답하다는 겁니다. 우리 살림살이에 도둑이 훔쳐갈 것이 뭐가 있느냐면서요. 더 가관인 것은 방범창 달려면 당신이 나가서 돈을 많이 벌어서 좋은 물건부터 많이 사 넣으라는 겁니다. 이게 말이 됩니까." 식당 주인은 부부싸움에 어느 편을 들어야 할지 모르겠다는 표정을 짓고 있자 인오가 한마디 더 한다.

"형님도 아시지요. 왜 저 건너 마을에서 철물점하는 태수 말이에요." " 응 알지 근데 태수는 왜?" 식당 주인은 갑자기 인오가 태수 이야기를 꺼내자 궁금해서 물어본 것이다. 태수에 대해서도 잘 알고 있다. 가끔씩 인오와 함께 식당에 들러서 소주잔을 기울이고 어릴 적부터 함께 자란 절친한 친구다. 태수는 아버지가 하시던 철물점을 물려받아 잘 운영하고 돈도 많이 벌었다. 또한 주변에 어려운 일이 있으면 발 벗고 나서서 잘 도와주어 평판도 좋다. "형님 내가 얼마 전에 태수하고 소주 한 잔 하면서 이런저런 고민을 털어 놓았더니 그 친구가 자기 집에 재고로 남아 있는 깨끗한 방범창이 있다면서 공짜로 설치를 해 주겠다고 합니다. 그래서 집사람에게 이야기했더니 펄쩍 뜁니다." "아니 친구가 공짜로 해 주겠다는데 제수씨는 왜 그러는데?" 식당 주인은 이들 부부의 이야기를 들으면 들을수록 이해가 되지 않는다. 그까짓 방범창 하나를 놓고 부부싸움을 할 일이 무엇인가?

"집사람이 반대하는 이유는 공짜가 어디 있느냐. 지금은 공짜라고 하지만 설치해 놓고 나면 돈 달라고 할 것이 분명하고 그것도 아니면 선전용으로 우리 집을 이용한다는 것입니다. 어디 태수와 나 사이가 그런 사이 입니까? 더 기분이 나쁜 것은 태수 얼굴을 보면 음흉하게 생긴 것이 속에 뭔지는 모르지만 꿍꿍이가 있다면서 나보고 속지 말라는 것입니다."

인오가 답답하다는 표정으로 소주를 한 잔 더 마시고 말을 이어 간다. "훔쳐갈 물건도 없는데 갑자기 방범창을 설치하면 갑자기 떼돈이라도 생긴 줄 알고 도둑들이 더 눈독을 들인답니다. 그건 곧 스스로 도둑을 불러들이는 꼴이랍니다." 식당주인은 마땅한 방법이 없다. 그러나 '난 모르겠으니 부부가 알아서 하라.'고 하면 인오가 섭섭해할 것 같아 한마디를 해 준다. "그럼 가족 간에 투표를 해서 많은 쪽으로 하면 어때?" 말이 끝나기 무섭게 인오가 나선다. "형님 벌써 했습니다. 우리 네 식구가 한자리에 모여 각자 의견을 말했습니다. 3대 1로 설치하자는 의견이 절대적으로 많았지만 안 된다는 겁니다. 설치하기만 하면 이혼하겠답니다. 애들은 불안해하는데 어떻게 해야 할지 답답합니다." 그만 마시라고 하지만 인오는 속이 답답하다면서 소주만 자꾸 마신다.

그때 옆자리에 있던 다른 손님이 끼어든다. 약간은 취한 모습이다.

"형씨 이야기를 들으니 내가 답답하네요. 그 집 이야기를 옆에서 들으니 '사드' 하고 똑같네요. 지금 우리나라에 사드 배치 문제를 두고 양편에서 싸우고 있잖아요. 국가 안보를 위하여 배치해야 한다는 측과 오히려 사드 배치가 한반도 평화를 해치니까 절대로 안 된다는 반대 측이 싸우는 것 말입니다. 여론조사에서 사드 배치 찬성이 52% 반대가 35%로 나왔지만 양측이 죽어라고 자기 고집만 부리고 있잖아요. 언제까지 싸움만 하고 있을 겁니까? 필요하면 해야지요. 소신껏 밀어 붙이세요."

그 말에 인오가 알았다는 말과 함께 자리에서 일어난다.

"형님, 얼마에요?"

계산을 마치고 문을 나서는 인오의 뒷모습에 착잡함이 묻어 있다.

호국로 걷기

6월은 호국보훈의 달이다. 어느 국가나 국가를 위하여 목숨을 바친 영령들의 충절을 기리는 기념일은 있다. 모습은 다르지만 나름대로의 의미있는 기념행사를 갖는다. 제祭를 올리는 나라가 있는가 하면 퍼레이드를 벌이거나 가슴에 꽃을 다는 나라도 있다. 모습과 규모의 차이는 있으나 정신만은 같다. 우리는 '현충일'이라 부르지만 미국은 '메모리얼데이'라고 한다. 영국과 프랑스는 '리멤브런스데이' 호주와 뉴질랜드에서는 '안작데이'라고 부른다. 2차대전의 패전국인 독일과 일본에서도 전쟁희생자 추모일과 전몰자 추도식이란 이름으로 기념의식을 갖는다. 국가를 위한 희생정신을 받들고 언제까지나 기억한다는 뜻일 것이다.

올해 미국에선 메모리얼데이를 맞아 특별한 행사가 열렸다. 켈리포니아주 리버사이드 국립묘지에서 500여 명의 주민들이 자원봉사로 참여해 14만8천 명의 참전용사 이름을 10일 동안 쉬지 않고 부르는 것이다. 언뜻 보면 무모해 보이는 행사 같다. 이것은 국립묘지 측이 참전용사의 이름을 불러주자는 제안에 따라 주민들이 동참해 여는 행사다. 10일 동안 망자의 이름을 부름으로써 조국을 위해 목숨을 바친 참전용사들을 영원히 잊지 말자는 것이다. 유족은 물론 주민들도 참전용사의 이름을 듣기 위하여 밤을 새워 가면서 기다린다고 하니 그들의 마음가짐이 우러러 보인다.

지난 6일 현충일에 6·25전쟁의 최대 격전지였던 왜관전적기념관에서 의미있는 행사가 열렸었다. 바로 6·25전쟁 호국로 걷기 체험행사다. 전쟁의 참상을 모르는 전후 세대들과 함께 격전지를 직접 걸음으로써 어려웠던 과거를 회상하고 자유와 평화의 소중함을 몸으로 느낄 수 있는 계기를 마련하기 위한 것이다. 호국의 의미도 새기고 건강도 다지는 일석이조의 행사라고 할 수 있다. 호국로 걷기는 6.25전쟁 당시 최후 보루였던 낙동강 전투를 기념해 건립한 왜관지구 전적기념관에서 시작해 38km와 15km의 두 개 코스에서 진행되었다. 코스는 자기 능력에 따라 선택했다. 6·25전쟁 당시 15번이나 고지의 주인이 바뀌었다는 328고지를 비롯한 주요 격전지를 걸어보는 코스다. 마침 현충일인 6월 6일은 음력 5월 14일로 보름달이 대낮같이 밝았다. 저녁 6시에 출발해 밤새도록 사랑하는 가족과 함께 맑은 달빛 아래를 걸음으로써 가슴 찡한 감동과 함께 호국의 의미를 되새기는 기회가 되었다. 걸으면서 느낀 가족사랑은 덤이었다.

이번 6·25전쟁 호국로 걷기 체험행사는 앞에서도 언급한 것처럼 전쟁의 참상을 모르는 전후 세대들에게 자유와 평화의 소중함을 일깨워주기 위한 것이다. 또한 오늘 우리가 누리는 자유와 평화의 뿌리가 어디이며, 지키기 위하여 얼마나 많은 호국용사들이 뜨거운 피를 흘렸는가를 다시 한 번 생각해 보기 위함이다. 동시에 그 희생을 영원히 기억하기 위해서다. 6·25전쟁 호국로 걷기 체험행사를 계기로 일 년 열두 달 모두가 호국보훈의 달이 되고, 계속 이어져 지역 단위 행사가 아닌 자유와 평화를 갈구하는 전 세계인의 행사로 발전해 가기를 기대해 본다. 이것이 생활 속의 보훈문화를 정착시키는 길일 것이다.

뒤늦은 훈장

겨울나무들이 잎은 땅에 내려놓은 2004년 초겨울 한 무리의 사람들이 낙동강 변에 있는 왜관지구전적기념관 앞마당에 모였다. 이곳에서 열리는 무공수훈자전공비 제막식에 참석한 것이다. 그들은 깊게 패인 주름 속에 세월의 풍상을 묻어둔 6·25전쟁 참전 유공자들이었다. 참전유공자들은 전공비에 새겨진 자신의 이름과 전공을 치하하는 글을 번갈아 보면서 깊은 회상에 잠기는 듯했다. 이날 제막식에선 아주 특별한 의미의 식순이 눈에 띄었다. 훈장 수여였다. 54년 만에 주어지는 화랑무공훈장이었다. 노병은 올해 나이 74세다. 그는 스무 살이던 50년 7월에 군에 입대하여 수많은 전투에 참전했다.

첫 전투인 의성 안계전투에서 대퇴부에 파편상을 입고 3개월 동안 밀양에 있는 군병원 신세를 져야 했다. 그걸로 모든 것이 끝난 건 아니었다. 또다시 강원도의 지명도 모르는 전투에 참가하여

전신에 수류탄 파편상을 입고 또다시 후송되었다. 그는 그 후에도 전투와 부상, 후송 또다시 전투를 반복했다. 그는 평안도 초전까지 올라갔었다. 그리고 4년만인 54년 9월에 제대하고 꿈속에도 그리던 부모형제가 있는 고향으로 돌아왔다. 전쟁 중에 그는 3개의 훈장을 받았다. 당시 전장에서 훈장을 받았던 많은 전우들과 마찬가지로 훈장의 가치조차 느끼지 못했다. 그들은 런닝셔츠에 훈장을 달고 다니다가 헌병에 걸려 기합을 받기도 했다. 그러다가 전투 와중에 잃어버렸다.

제대 후 오랜 세월 동안 생업에 바빠 자신의 전공도 훈장에 대한 생각도 잊고 살았다. 그러나 잃어버린 훈장을 되찾으라는 주변의 권유에 국방부에 문의하니 돌아온 대답은 뜻밖에도 훈장을 받은 사실이 없단다. 그 후로 그는 자신의 전공을 가슴속에 묻고 지냈다. 그러나 다행히도 이번에 국방부에서 추진한 참전유공자 훈장 찾아주기 운동에서 전공이 인정되어 훈장을 받게 되었다. 그동안 그는 자신의 전공을 자랑하거나 알아주지 않는 정부를 원망한 적이 없었다. 자신이 전쟁이 나가 조국을 지킨 것은 단지 국민 된 의무요 도리이지 결코 자랑거리가 아니라는 생각에서다.

그렇다. 그건 그만의 생각이 아니다. 조국을 지키기 위해 자신의 청춘을 바친 수많은 참전 유공자들은 반세기의 세월이 흐르는 동안 자신의 전공도, 원망도, 아쉬움도 모두 내려놓고 담담해져 있다. 겨울나무가 잎을 내려놓듯, 이제 그들은 가슴속에 싸늘한 전쟁의 상처만 안은 70 중반의 노인이 되어 남은 인생을 정리하고 있다. 그들은 대한만국이란 비행기를 띄운 사람들이다. 비행기는 이륙이 가장 어렵다. 연료의 절반을 이륙할 때 소비한다고 할 만큼 어렵고 힘든 과정이다. 그들이 어렵게 비행기를 띄웠기에 우리가 편하게 타고 갈 수 있다. 이제는 그들이 조국을 사랑하고 지킨 만큼 우리가 그들을 사랑하고 지켜주어야 한다. 편안한 노후가 되고 조국에 대한 자긍심을 가질 수 있도록……. 그것이 우리가 해줄 수 있는 최소한의 도리일 것이다.

(2004년 12월)

국군포로 귀환 경축행사

지구상에는 200여 개가 넘는 국가가 있다. 그렇게 많은 국가들이 정통성을 이어가고 국가체계를 유지하고 있는 것은 그 나름대로의 민족성과 애국심을 가지고 있기 때문에 가능한 일이다. 수천 년 동안 나라 잃은 민족으로 전 세계를 떠돌던 유대인이 2차 세계대전 후 중동에서 이스라엘을 건국할 수 있었던 것은 끈질긴 민족성 덕분이다. 그동안 수많은 고난을 겪으면서도 민족성을 잃지 않았다. 지금도 세계 각지의 유대인들은 조국에서 전쟁이 발발하면 하던 일을 던지고 조국으로 달려간다. 이것이 유대인의 힘이다.

반면에 미국은 민족에 대한 개념이 없는 국가다. 전 세계 각양각색의 사람들이 모여서 이루어진 국가다. 동질성이라고는 전혀 없는 사람들이 모여서 이룬 국가지만 세계 최강의 국가로 발전했다. 그 요인은 무엇인가. 그것은 애국심이다. 미국인들은 같은 민족은 아니지만 '미국'이란 이름 앞에선 언제나 하나로 뭉치는 애국심을 발휘

한다. 그렇다면 미국인의 애국심은 어디에서 나오는가.

미국인들에게 애국심이 우러나게 하는 대표적인 말 중의 하나가 클린턴 대통령의 연두교서에 나온다. '미국은 미국을 위하여 목숨을 바친 사람을 언제까지나 우리가 생각하고 잊지 않을 것이다.' 이것이 미국을 강하게 하는 기본정신이다.

실제로 미국은 전 세계 어디에 있는 미국인이라도 위험에 처하면 끝까지 보호하고 지킨다. '미 육군 중앙신원확인소'는 미군이 참여했던 전쟁지역은 전 세계 어디든 찾아가서 유해를 발굴하여 가족의 품으로 돌려보낸다. 일 년에 무려 1억 달러 이상을 쓴다. 물론 6.25전쟁 중에 전사한 미군 유해 발굴도 계속하고 있다. 테러지원국으로 지목하고 적대시하는 북한에서도 예외는 아니다. 미육군 중앙신원확인소 정문에는 '조국은 당신을 잊지 않는다.'라는 표어가 걸려있고, 구호는 '그들이 집으로 돌아갈 때까지'다. 미국의 힘은 여기서 나오는 것이다.

그렇다면 우리는 어떠한가. 일본강점기와 6・25전쟁을 거치면 수많은 사람들이 조국을 위해 목숨을 바쳤다. 그동안 우리는 조국을 위해 희생한 분들을 어떻게 보호하고 예우했는지를 한 번쯤은 되돌아볼 필요가 있을 것 같다.

6・25전쟁 당시 북으로 끌려간 5만여 명의 국군포로들은 아직까지 생사를 알 수 없다. 1994년 조창호 소위가 북한을 탈출한 이후 16명의 국군포로가 귀환한 것이 고작이다. 이들 귀환자의 입을 통하여 아직도 560여 명의 국군포로가 생존해 있는 것으로 알려지고 있다. 그러나 어느 누구도 귀환을 위해 노력한 흔적은 보이지 않는다. 어렵게 탈출한 국군포로 가족은 중국 선양의 총영사관이 투숙

시킨 민박집에서 중국공안에 체포되어 강제북송 됐고 국군포로 장무환씨는 주중대사관에 도움을 요청했다가 "아, 없어요."라고 하는 대사관 직원의 면박을 받았다. 더욱 분통 터지는 일은 지금까지는 우리 정부가 북한을 상대할 땐 '국군포로'라는 말을 쓰지 못하고 '전쟁 중에 생사를 알 수 없게 된 사람'이란 애매모호한 용어를 썼다는 사실이다. 서해교전에서 산화한 영웅의 미망인은 "이런 나라에서 어떤 병사가 목숨을 던지겠느냐."고 하면서 이민을 떠났다. 이것이 우리의 현실이다.

그러나 너무 낙담만 하고 있을 일은 아닌 것 같다. 기쁜 소식들도 들려온다. 정부에선 서해교전 추모식을 국가행사로 격상하고 국군포로 문제를 무한책임의 과제로 인식해 최우선적인 해결 노력을 기울이겠다고 밝혔다. 기대가 된다. 올해 광복절에는 광화문네거리에서 '국군포로 귀환 경축행사'가 열리는 것을 보고 싶다. 그날이 오면 우리 모두 양손에 태극기를 흔들면서 미친 듯이 '대한민국 만세'를 외칠 것이다. 부디 5천만 국민의 기대와 열망을 저버리지 말고 국군포로 귀환에 무한 노력을 기울여 주기 기대한다. 나라와 민족을 위해 목숨을 바친 보훈가족에 대한 예우는 아무리 지나쳐도 과하지 않을 것이다. 이것이 바로 온 국민이 애국심을 갖도록 하는 길이기도 하다. 특히 호국평화의 도시를 표방하는 칠곡은 더욱 그러하다.

노인정老人亭도 혐오시설?

꼭 필요한 시설이지만 우리 지역에는 안 된다. 이것을 님비현상이라 한다. 주민들이 대표적으로 꼽는 님비시설은 쓰레기 매립장과 소각장, 분뇨처리장, 화장장, 원자력발전소, 핵폐기물처리장 등을 들 수 있다. 다행히 핵폐기물처리장은 정부의 막대한 재정지원 방침에 따라 핌피시설로 자리를 바뀌었다. 그 자리를 바꾸는데 많은 우여곡절을 겪었다. 그나마 다행이다.

최근에 노인정老人亭도 님비시설에 합류했다. 님비현상이 극에 달했다는 생각이다. 노인정도 님비시설로 생각한다니 답답한 노릇이다. 서울의 어느 구청에서 공원에 있던 조그마한 노인정을 헐고 좀 더 크게 신축하여 노인들이 편안하게 쉴 수 있도록 하려다가 인근 주민의 반대로 어려움을 겪고 있다고 한다. 반대 이유는 간단하다. 주택가의 조망권을 침해한다는 것이다. 구청에서 반대편으로 자리를 옮기려 하니 이번엔 반대쪽 아파트 주민들이 들고 일어났다. 노인정을 옮기면 아파트에서 직접 보인다는 이유에서다. 그러다가 여론의 질타를 받자 2층에 들어서는 '일용직 노동자 대기실' 때문에 범죄 우려가 높다고 반대 이유를 바꾸었다. 핑계처럼 보인다. 만약에 어린이 놀이방을 짓는다고 했을 때도 조망권이 침해 받는다고 반대를 할 것인지가 궁금하다.

소설가 이외수씨는 "노인은 미래보다 과거를 더 많이 간직하고 있는 존재"라고 했다. 그리고 "과거는 경험이며 경험은 관록"이라고 했다. 그렇다. 노인은 지나간 날이 앞으로 다가올 날보다 많은 사람이다. 즉 수많은 사회 경험을 갖고 있는 사람들이다. 단지 노인들에게 다가올 미래 중에서 가족이나 사회에 의존해서 살아가야 하는 의존수명이 좀 더 많다는 이유에서 이런 대접을 받고 있는 것인가? 그러나 젊은 세대들이 부담이라고 느끼는 그 의존수명 속에는 지난날 우리 사회의 발전과 오늘의 풍요로움을 가꾼 노인들의 피와 땀이 녹아 있다.

근래에 다양한 사회복지시책에 따른 사회적 부담이 늘어나면서 노인들이 후세들에게 빚만 물려주는 계층이라고 폄훼하는 여론이 형성되고 있어 씁쓸한 기분이다. 노인세대는 결코 짐만 되고 빚만 물려주는 것은 아니다. 그건 한쪽만 바라보는 근시안적 시각이다. 한번쯤 뒤를 돌아보라. 오늘 우리가 누리는 풍요는 어디서 왔는지, 누가 만들었는지를. 우리에게 빚만 넘긴다는 노인세대, 즉 우리의 선배세대들이 피땀 흘린 노력의 결과다. 그들의 노력으로 5천 년 가난의 역사가 청산되었다. 오늘의 풍요에 젊은 세대들이 얼마나 기여했는지를 곰곰이 생각해 필요가 있다. 젊은 세대보다 노인세대의 역할이 더 많았다는 사실을 부인하기 어려울 것이다.

노인들은 배척의 대상이 아니고 우리가 공경하고 받들어야 할 대상이다. 오늘 우리가 가장 먼저 해야 할 일은 일할 수 있는 능력이 있는 노인들에게 일자리를 제공하는 일이다. 다음으로 힘이 부치는 노인들에게는 소일거리와 휴식공간을 만들어 주는 일이다. 노인정은 노인들이 마지막으로 가져야 할 휴식공간이다. 또한 우리의 부모와 아이들이 함께 어울려야 할 격대 문화공간이기도 하다. 결코 혐오시설이 아니다. 이젠 '노인'이란 말을 '어르신'으로 바꾸고 그에 상응하는 대접하고 관록을 세대 간에 공유하는 일을 시작해야 할 시점이 온 것 같다.

한단새와 독도

히말라야 깊은 산속에 한 마리의 새가 나뭇가지에 위태롭게 앉아 있다. 추운 겨울밤이라 몸은 꽁꽁 얼었다. 밤새도록 떨면서 결심했다. "내일 아침 날이 밝으면 반드시 따뜻한 집을 지을 것이다. 그리하여 다시는 추위에 떨지 않을 것이다." 결심에 결심을 거듭했다. 그러나 추운 밤이 지나고 따뜻한 햇살이 비치자 어제 저녁의 결심은 말끔히 잊어버렸다. 그리곤 온종일 놀기에만 바빴다. 저녁이 되자 또다시 내일 아침엔 반드시 집을 지어야겠다고 다짐하는 걸 반복했다. 이 새가 바로 전설 속의 '한단새'다.

일본은 끈질기게 독도 영유권을 주장하고 있다. 그것도 정부와 학계, 언론, 국민이 하나로 뭉쳐 치밀하게 주장하고 있다. 그 대상은 당사자인 한국에 국한되지 않고 전 세계를 대상으로 하고 있다. 학문적으로 연구하고 체계적으로 홍보하면서 이슈화하여 국제사회의 이목을 집중시키는 고도의 전술을 구사하고 있다. 반면에 우리는 어떤가. 정치인들은 남들보다 한발 앞서 독도로 달려가 독도 수호를 외치는 것으로 책임을 다했다. 흥분한 국민들은 머리띠를 매고 일본대사관 앞에서 일장기를 불태우고 독도는 우리 땅이라고 외쳤다. 그것마저도 하기 힘든 국민들은 노래방에서 '독도는 우리 땅'을 목이 터져라 부르는 것으로 울분을 달랬다.

일본의 독도 망언이 나올 때마다 정부는 실효적 지배를 강화한다고 밝혔다. 2005년 시네마현이 다케시마의 날을 제정했을 때도 그랬고 그 전에도 그랬다. 독도침탈 때마다 실효적 지배를 강화한다고 내놓았던 시책들이 모두 이루어졌다면 어떻게 되었을까. 아마도 일본이 우리를 우습게 보기는 어려웠을 것이다. 그러나 일본은 알고 있다. 시간이 지나면 잠잠해진다는 것을 정확히 알고 있다. 길게 잡아도 한 달이면 조용해진다는 것을 안다. 그때부터는 또 다른 침탈행위를 준비한다. 이것이 일본과 우리의 차이다.

이번에도 수많은 독도의 실효적 지배를 강화하는 시책이 쏟아지고 있다. '실효적 지배'에서 '영토수호'로 이름도 바뀌었다. 독도마을을 조성하고 종합해양기지도 건설한다. 해양호텔도 짓겠다고 한다. 심지어는 '생태주권 확보'라는 생소한 용어도 나오고 있다. 모두 그럴듯한 시책이다. 이러한 시책들이 모두 이루어지기를 우리는 기대하고 있다. 이번에도 시책발표로 끝나는 일이 없기를 바란다. 시책발표에 급급하지 말고 하나라도 좋으니 실현가능한 시책을 치밀하게 수립하고 끈질기게 추진해, 말로만 하는 독도 수호가 아니라 진정한 독도 수호가 되기를 기대한다. 또다시 흐지부지 된다면 우리는 한단새가 된다.

6월을 보내면서 10년 뒤를

십 년 후의 자신의 모습을 상상해 본 적이 있는가? 어디서 무엇이 되어 있을까. 이런 문제는 누구나 한 번쯤은 생각해 본다. 장밋빛 미래가 그려지는가 하면 암담한 모습이 그려지기도 한다. 10년이란 결코 짧은 시간은 아니다. 많은 것을 변화시킬 수 있는 긴 시간이다. 엘빈 토플러는 "미래 사회는 상상할 수 없는 가속도를 가지고 완전히 새로운 모습으로 바뀌어 갈 것"이라고 예견했다. 굳이 미래학자의 생각을 빌리지 않더라도 엄청난 변화가 올 것이란 것은 누구나 짐작하고 있다. 십 년이면 강산도 변한다는 우리 속담처럼 많은 변화가 올 것은 분명한 사실이다.

칠곡은 6·25전쟁 당시 마지막 보루였던 낙동강 방어선 전투의 현장이다. 흔히들 이런 연유로 칠곡을 호국평화의 도시라고 부른다. 6월이 되면 호국 관련 많은 추모행사들이 열린다. 현충일 추념식을 시작으로 민간단체와 종교단체에서 봉행하는 위령제와 같은 추모행사가 한 달 내내 열린다. 행사의 주최는 다르지만 호국영령의 명복을 바라는 마음은 같다. 모두가 풍전등화의 위기에 쳐한 조국을 구하기 위해 젊은 피를 뿌린 호국영령께 감사하고 명복을 비는 것이다.

해마다 추모행사에 참석하면서 눈여겨보는 것이 있다. 참석자들을 유심히 살펴보는 것이다. 주인공인 상이군경을 비롯한 6·25참전유공자와 유족이 있고 다음으로는 지역의 기관단체장과 임직원들이다. 연령별로 보면 유공자와 유족이 나이가 많고 후자는 비교적 젊다. 여기서 십 년 후를 생각해보면 가슴이 답답해 온다. 참전유공자와 유족들은 대부분 80세를 넘긴 노인층이다. 6·25전쟁 당시 20세 전후의 청년이었으나 이제는 백발이 된 것이다. 십년 뒤에 열리는 추모행사에 이분들이 과연 얼마나 많이 참석할 수 있을지는 아무도 모른다. 추측컨대 대부분 참석이 어려울 것이다. 어렵다기보다 없다고 하는 말이 더 맞을 것이다. 분명한 것은 지금보다 많은 변화가 있을 것이라는 것은 확실하다. 그때 가서 유공자와 유족의 뒤를 이를 후계세대를 양성하지 못한다면 혹시라도 주인 없는 행사라고 비난을 받지나 않을까 걱정이 앞선다.

십 년이 아니라 영원히 그분들의 고귀한 희생정신을 기리는 추모행사가 맥을 이어가기 위해서는 지금부터라도 준비해야 한다. 그러기 위해서는 앞으로 대한민국을 이끌고 나갈 주인공인 청소년들의 참여를 확대해야 한다. 자발적 참여를 바라고, 막연히 기다려서는 어렵다. 정부와 자치단체에서 적극적으로 나서서 참여를 유도해야 한다. 또한 청소년들에게 알맞은 역할도 주어져야 할 것이다. 그것이 나라를 위해 고귀한 목숨을 바친 호국영령들의 희생정신이 영원히 이어갈 수 있는 길이다.

어른들이 해야 할 일

10년 전쯤 중학생 180명이 빨치산 추모제에 참석한 것이 알려지면서 난리를 친 적이 있었다. 우리의 자유민주주의를 반대하는 비전향장기수와 빨치산이 추모의 대상이었다. 학부모들은 물론 동료교사들도 단순한 산악행사인 줄 알았다고 했다. 일부 학생들은 주최 측으로부터 통일에 기여한 공로로 표창장까지 받았다고 하니 기가 막힐 일이다. 언론보도에 따르면 학생들을 인솔했던 교사는 학생들에게 편향적인 통일교육을 시킨다고 생각하던 학부모들로부터 "사상교육을 시키지 말라."는 요청을 받았으나 묵살했다고 한다. 교사로 발령받기 전에는 사설학원에서 강사로 활동했었다고 하니 무엇을 가르쳤는지 궁금하다.

중학생들은 아직 정신적으로 성장기에 있는 나이다. 자기의 주관과 이념이 확립되지 않은 상태다. 조금은 호기심이 많고 보고 듣는대로 받아들이는 단계다. 색깔로 비유하면 아무것도 묻지 않은 흰

색이다. 한 점 흠결이 없는 흰 비단같이 깨끗한 상태다. 백옥 같은 순수 그대로다. 때 묻지 않은 순수한 상태는 쉽게 오염된다.

모든 교육은 객관적인 상태에서 이루어져야 한다. 그리고 수준에 알맞아야 한다. 대학생에게 초등학생 수준의 공부를 시키면 아무도 따라오지 않는다. 반면에 초등학생에게 대학 수준의 공부를 가르치면 무엇인지도 모르고 무조건 따라온다. 왜 이런 결과가 나타나는가. 수준이 맞지 않고 호기심 때문이다. 이런 교육은 모두 실패한 교육이라 할 수 있다.

자기 주관이 정립되지 않은 어린 학생들에게 자신들의 목적달성을 위하여 특정 이념을 무의식적으로 주입시키는 것은 분명히 잘못된 교육이다. 아직 판단 능력이 부족한 어린 학생들에게 맹목적인 교육으로 특정 이념을 주입한다면 이것은 기성세대가 청소년들에게 저지르는 교육폭력이다. 우리 기성세대에 주어진 몫은 청소년들이 스스로 생명의 가치를 존중하며 정의로운 공동체의 일원으로 책임 있는 삶을 살아갈 기틀을 마련할 수 있도록 도와주는 것뿐이다.

믿거나 말거나

♠ 일부 내용은 고수들로부터 전해들은 '뻥'을 각색한 것입니다.

오징어 씨앗

만주의 겨울 추위는 말로 설명하기 어렵다. 온 세상이 꽁꽁 얼었다고 할 만큼 춥다. 물도 얼고 나무도 얼어붙었다. 심지어는 햇살도 얼었다고 할 정도다. 조금 과장하는 사람들은 '퉤 하고 침을 뱉으면 얼어서 땅에 떨어지고, 후우~ 하고 숨을 내쉬면 입김이 얼음가루가 되어 눈처럼 내려앉는다.'고 한다. 이런 겨울이면 모든 것이 멈춘다. 사람들은 온몸을 꽁꽁 동여매고 눈만 내어놓고 다닌다. 웬만해선 바깥출입을 하지 않는다.

일제 강점기 만주 봉천의 서탑거리에 있는 주막이 시끌벅적하다. 바깥 날씨는 온 세상을 얼려버릴 것 같지만 주막 안은 달랐다. 벌겋게 달아오른 난로의 열기와 술꾼들이 내뿜는 취기로 인해 후끈거렸다. 이때 두꺼운 방한복과 털모자를 눌러쓴 중년의 사내가 주막 안으로 들어섰다. 사내는 등에 커다란 마대를 지고 있었다. 주막 안을 둘러본 후에 난로에 멀찌감치 떨어진 자리에 앉아 술 한 잔을 청해

마셨다. 난로 주변에 모인 술꾼들 중에서 어느 누구도 이 사내를 주목하지 않았다. 남들의 관심을 끌 만한 특별한 점이 없는 평범한 차림이었기 때문일 것이다.

그렇게 한참을 기다렸다가 얼었던 몸이 녹고 온기가 돌자 사내는 옆에 세워 두었던 마대를 풀고 자기가 마셨던 술잔을 깊숙이 넣어서 안에 들었던 무언가를 한 그릇 퍼내었다. 술잔에 담긴 것은 손가락 한 마디만 한 갈색의 알맹이였다. 말린 오징어 입이었다. 사내는 말없이 난로 위에 오징어 입을 쏟아 부었다. 순간 지지직하는 소리와 함께 오징어 익는 냄새가 진동을 했다. 워낙 난로가 달아 있어서 오징어 입은 순식간에 익었다. 사내가 익은 오징어 입을 술잔에 다시 긁어 담았다. 그리고는 주변에 모인 술꾼들에게 서너 개씩 나누어 주고 먹어 보라고 했다. 만주 내륙에서 살아 바다에서 잡히는 오징어를 구경해 본 사람이 아무도 없었기 때문에 어느 누구도 무엇인지를 알지 못했다. 맛있는 냄새가 나지만 처음 보는 물건이라 서로 눈치만 보자 사내가 먼저 먹는 시범을 보였다. 입안에 넣어 씹으면서 새 부리처럼 생긴 까만 이빨을 뱉어내고 먹으면 된다고 하자 술꾼들이 하나둘 먹기 시작했다. 그리고는 바로 '와~' 하는 탄성을 울렸다. 생전 처음 먹어보는 맛이지만 쫄깃하고 고기 맛이 나는 것이 입맛을 다시게 했다. 사내가 인심 쓰듯이 다시 한 그릇을 구워서 나누어 주었다.

오징어를 한 번도 보지 못한 내륙지방 사람들이라 궁금하기 짝이 없었다. 도대체 이것이 무엇인가? 이런 묘한 맛을 내는 음식을 먹어 본 적이 없다. 뭔지는 모르지만 매우 맛있는 음식인 것은 틀림이 없다. 술꾼들의 궁금증이 최고조에 이르렀을 때 사내가 나섰다. "이게 뭔지 궁금하시지요. 이건 조선에서 나오는 오징어 씨앗입니다. 이걸 삼월 초에 밭에다 뿌리면 4월에 싹이 나고 6월에 흰 색의 꽃이 핍니다. 그리고 추석이 지나고 찬바람이 불기 시작하면 이 오징어 씨가 익습니다. 갈색으로 변하면 다 익은 것입니다. 이때 따서 햇볕에 바짝 말려 놓았다가 구워 먹거나 국을 끓여 먹으면 됩니다. 그냥 먹어도 좋지만 양념을 해서 먹으면 술안주로 최고입니다." 사내는 구수한 입담으로 선전에 열을 올렸다. 키우기도 쉽다고 했다. 거름만 잘 주면 한 포기에 두 되 정도를 딸 수가 있다면서 오징어 씨앗을 사라고 권한다. 한 되에 1원(당시 쌀 1말 가격)으로 조금 비싸지만 한 해 농사만 지으면 본전의 열 배는 쉽게 뺀다는 말에 서로 먼저 사겠다고 나서자 순식간에 한 마대를 팔아 치웠다.

사내는 비싼 값에 오징어 입을 씨앗으로 둔갑시켜 팔아 치웠다. 그리고 좋은 물건을 가지고 왔다고 마을 사람들로부터 융숭한 대접을 받고 길을 떠났다. 그리고 내년 봄에 다시 와서 오징어 씨앗을 심는 방법을 가르쳐 주고 가을에는 다시 비싼 값에 사주겠다는 약속도 잊지 않았다. 어디로 가느냐는 사람들의 물음에 이 돈은 하얼빈으로 가서 독립운동의 군자금으로 전달할 것이라는 말을 남기고 바람처럼 사라졌다. 다음 해 삼월이 되자 사람들은 정성스럽게 밭을 다듬고 오징어 씨앗을 뿌렸으나 기다리던 오징어 싹은 올라오지 않고 잡초만 무성하게 자랐다. 온 마을 사람들이 속았다는 것을 알고 가슴을 쳤지만 어쩔 도리가 없었다. 그리고 자신이 독립운동 군자금 모집책이라고 귀띔을 했던 중년의 사내는 해방이 될 때까지 만주 봉천 근처에는 얼씬거리지도 않았다. ♠ 뺑1

청둥오리

나의 고향은 시베리아다. 겨울에 몹시 춥다. 그래서 우리는 겨울이 되면 따뜻한 남쪽나라로 찾아온다. 한국이 따뜻하다고 찾아오지만 이곳에서의 생활도 만만찮다. 시베리아보다는 덜 하지만 춥기는 마찬가지다. 그래도 따뜻한 털이 있으니 견딜 만하다. 추위보다는 사람들이 무섭다. 예전에는 사람들에게 많이 잡혔다. 고혈압에 좋다거나 정력에 좋다고 소문이 나면서 마구 잡아먹었다. 예전보다는 덜하지만 요즘도 위험은 여전하다. 남쪽으로 내려가기 전에 할아버지는 언제나 온 가족을 모아 놓고 교육을 시켰다.

먼 여행길에 많은 체력이 소모되니 건강관리에 유의하고 대열에서 이탈하지 말라는 통상적인 교육과 함께 반드시 지켜야 할 주의사항을 전달했다. 강변에 뿌려진 곡식은 먹지 마라. 농약을 묻힌 것이다. 먹으면 바로 황천길이다. 요즘은 환경단체에서 먹이 주기 행사로 곡식을 뿌리는 경우도 있지만 구별하기 어렵다. 먹어도 되는 것인지 안 되는 것인지는 선배들이 가르쳐라. 한국행이 처음인 신참들은 특히 조심해야 한다. 물 밖에 나와 있는 미꾸라지도 조심해라. 십중팔구는 낚시 바늘이 꼽혀있는 것이다. 먹다가 목에 걸리면 가장 고통스럽게 죽는다. 그 말을 듣는 순간 모두가 몸이 굳어 버렸다. 신참들은 사색이 되어 버렸다. 얼음 위에서 쉴 때도 조심해야 한다. 이때는 너무 깊이 잠들면 안 된다. 한 자리에 오래 있지 말고 자주 자리를 옮겨 가면서 쉬어야 한다.

우리는 시베리아에서부터 쉬지 않고 날아 따뜻한 남쪽 나라인 한국에 도착했다. 오는 도중에 몸이 약한 친구 몇몇은 평양 근처 대동강 변에 내렸다. 경험이 많은 선배들이 대동강은 더욱 위험한 곳이라고 걱정을 했지만 어쩔 도리가 없었다. 낙동강은 시베리아와는 비교가 안 될 정도로 따뜻했다. 야행성인 우리는 초저녁에 인근 논에서 벼 낟알을 주워 먹은 후에 강 중앙에서 쉬었다. 배가 많이 고팠지만 할아버지 말씀이 생각나서 강변에서는 먹이를 먹을 생각도 하지 않았다. 간혹 인근 양계장에 숨어들어 닭 사료를 훔쳐 먹기도 했지만 눈치가 보여 자주 가지는 못했다. 우리를 AI를 옮기는 주범 취급을 했기 때문이다.

강물 위에서 쉬는 것도 쉬운 일은 아니었다. 수영에는 자신이 있어 가라앉지는 않지만 계속해서 양발을 움직여야 했다. 잠을 자면서도 무의식적으로 발은 움직이고 있었다. 그때 옆에 있던 친구가 꼬드겼다. "야~ 우리 힘든데 저기 얼음 위에 올라가서 좀 쉬자." 내가 "할아버지가 얼음 위에 쉬는 것도 조심하라고 했잖아." 하고 말했지만 다리가 아프다면서 주변에 있는 친구들에게 이 깜깜한 밤중에 누가 오느냐고 하면서 나가서 쉬자고 했다. 그 말에 우리는 우르르 얼음 위로 올라가서 쉬었다. 얼음이 차갑기는 했지만 물보다는 편했다. 조심하라는 할아버지의 말씀이 있어 조금 걱정이 되기는 했지만 우선 편하니 좋았다.

편하면 잠이 오기 마련이다. 깜박 졸았던 모양이다. 갑자기 옆에 있던 친구가 날개를 퍼덕이며 큰일 났다고 호들갑을 떨고 있었다. 그 사이 날이 밝아오고 있었다. 저 멀리서 부자지간처럼 보이는 두 사람이 다가오고 있었다. 손에는 마대자루와 낫이 들려 있었다. 그때서야 위험하다고 느낀 우리들은 일제히 물로 뛰어 들었다. 일단 물속으로 들어가면 안전하기 때문이다. 아~ 그런데 이게 어찌된 일인가. 발이 움직이지 않는다. 그때서야 '한 자리에 오래 있지 말고 자주 자리를 옮겨 가면서 쉬어야 한다.'고 하시던 할아버지 말씀이 생각났다. 깜박 조는 사이 자리를 움직이지 못해서 발이 얼음에 얼어 붙어버린 것이다.

아버지가 어린 아들에게 말했다. "오늘 우리 수지맞았다." "오리 발이 얼어붙어 떨어지지 않는데 어떻게 하지요?"하고 아들이 물었다. "야~ 낫으로 발목을 잘라. 그래서 낫을 가지고 온 거야." 아버지의 대답이 무시무시하다. 그 말 한마디에 우리는 눈동자까지도 얼어붙어 버렸다. 차례로 발목이 잘려져서 마대 속으로 들어갔다. 다리가 아파도 물속에 그냥 있을 걸 하고 후회를 했지만 이미 늦었다. 아버지가 자랑스럽게 이야기했다. "이게 겨울에 오리를 잡는 가장 좋은 방법이야. 총이나 농약 같은 걸로 잡는 방법과는 비교도 안 되지. 그건 구식이야." ㅎㅎㅎ ♠ 뺑2

냉동고

김 서방이 두만강을 건너 북간도로 이주한 지도 벌써 십 년이 넘었다. 일본의 수탈이 너무 심하여 고향 땅에서는 먹고살 길이 없었다. 조금 춥기는 하지만 북간도로 가면 땅이 넓어 조금만 노력하면 배는 굶지 않는다는 소문을 듣고 전 가족을 이끌고 들어 왔었다. 이주한 지 처음 몇 해는 고생을 무지하게 했었다. 낯선 풍토에 적응하기도 쉽지 않았다. 무엇보다도 겨울의 추위가 가장 어려웠다. 고향인 경상도 땅에서는 한 번도 겪어보지 못한 추위였다. 낙동강의 강바람은 바람 축에도 끼지 못했다. 겨울이 되면 온 세상이 꽁꽁 얼어붙어 버렸다. 그러나 좋은 점도 있었다. 널린 것이 땅이었다. 주인 없이 버려진 땅이 끝도 없이 넓었다. 물이 질펀한 늪지는 갈대숲을 이루고 있었다. 봄철에 갈대숲에 불을 질러 태운 후에 갈대 뿌리만 캐내면 바로 논이 되었다. 얽히고설킨 갈대 뿌리를 캐내는 일이 쉬운 일이 아니었지만 내 논이 생긴다는 생각에 부부는 밤낮으로 매달렸다. 그 논에 심은 벼를 수확하면 양식 걱정은 없어졌다. 이제는 남는 쌀을 내다 팔 정도로 논을 넓혔다. 부자가 된 기분이다. 또 하나 늪지 중간 중간에 생긴 웅덩이에서 잉어를 잡아서 먹는 것도 재미가 쏠쏠했다. 장터에다 내다 팔면 고기반찬도 살 수 있으니 일거양득이다.

북간도에서 겨울이 되면 할 일이 없다. 모든 것이 얼어붙었으니 바깥출입도 줄인다. 남자들은 서너 사람씩 조를 짜서 백두산 언저리로 사냥을 가는 것이 주된 일과였다. 산토끼나 여우, 오소리 같은 작은 짐승들이 주로 잡혔다. 재수 좋은 날은 사슴이나 멧돼지를 잡기도 했지만 쉬운 일이 아니었다. 겨울철에 고기를 먹을 수 있는 방법은 사냥밖에 없었다. 그러니 할 일도 없는 남자들이 조금 위험하기는 하지만 사냥을 나섰다. 어느 추운 날 김서방이 오늘부터는 사냥을 가지 않겠다고 했다. 부인이 애들 고기라도 먹이려면 사냥이라도 해야지 왜 그러느냐고 묻자 사냥을 그만두는 대신에 물고기를 잡아서 영양보충을 시켜 주겠다고 큰소리를 친다.

이 한겨울에 물고기를 잡겠다고 하니 믿기지는 않지만 평소에 거짓말을 하지 않는 성실한 사람이라 더 토를 달지 않았다. 하루 종일 방안에만 틀어박혀 있던 김 서방이 해 질 녘이 되자 도끼를 들고 집을 나선다. 물고기를 잡겠다는 사람이 도끼를 들고 나서자 이상한 생각이 들었지만 두고 보기로 했다. 해가 지고 어둠살이 깔리자 김서방이 도끼만 매고 돌아오자 부인이 물었다. “물고기 잡아 온다더니 왜 빈손이에요.” “조금만 기다려 내가 짚단만 한 큰 잉어를 잡아 올 거야. 잉어 찜할 준비나 잘 해두시오.” 다음 날도 그다음 날도 김서방이 빈손으로 돌아오자 동네 사람들이 비웃기 시작했다. 멀쩡한 사람이 이상하게 되었다고 했다. 더러는 그냥 예전처럼 사냥이나 함께 가자고 했지만 두고 보라면서 고집을 부렸다.

부인이 궁금해서 뒤따라가서 보니 김 서방의 행동이 가관이다. 얼음판에 도끼질을 한참 하더니 펄쩍펄쩍 뛴다. 또 다른 곳에 도끼로 큰 구멍을 뚫고는 펄쩍펄쩍 뛰어다니는 것이 아닌가. 이러기를 대여섯 번 하더니 아무 일도 없는 듯이 집으로 돌아온다. 부인은 남편의 행동이 궁금했지만 일단 믿어보기로 했으니 묻지 않고 기다린다. 다음날 날이 새자 다른 날과 다르게 아침 일찍 도끼를 챙겨 들고 지게에 헌 가마니를 한 장 지고 나선다. 점점 이상한 행동만 하자 부인도 슬슬 걱정이 되지만 어쩔 도리가 없다.

점심때가 되자 김 서방이 불룩한 가마니를 지게에 지고 마당으로 들어서더니 "여보 오늘은 얼큰한 매운탕 끓여서 잔치 한번 합시다. 동네 사람들 다 부릅시다." 하고 큰소리를 친다. 가마니 안을 들여다보니 꽁꽁 언 잉어가 열 마리나 들어 있다. 모두가 팔뚝보다 큰 것들이다. 그날 오후 온 동네 사람들이 잉어 매운탕을 먹으면서 겨울에 어떻게 잉어를 잡았느냐고 묻자 목에 힘을 잔뜩 주고 설명을 한다. 늪지에 있는 웅덩이에 물고기들이 많이 살고 있는데 겨울이 되면 한 자 이상 두껍게 얼음이 얼어 물고기를 잡기 힘들지만 그 얼음을 잘만 이용하면 물고기 잡기는 누워서 떡 먹기만큼 쉽다고 했다. "먼저 얼음에 큰 구멍을 뚫으면 밑에 있던 물이 위로 솟구쳐 올라오는데 주변에서 쿵쿵거리고 뛰면 더 많은 물이 올라옵니다. 이런 얼음 구멍을 서너 군데 만들어 놓고 물을 솟구쳐 놓으면 밤새 물이 꽁꽁 얼어붙습니다. 그러면 물은 점점 줄고 얼음이 늘어나게 되지요. 이렇게 하면 작은 웅덩이는 삼사 일 정도, 큰 것은 열흘 정도면 웅덩이의 물이 모두 얼음 덩어리가 됩니다. 이때 웅덩이에 있던 물고기들도 함께 얼어버려 봄에 얼음이 녹을 때까지 수시로 가서 얼음을 깨고 꺼내어 먹으면 됩니다. 천연 냉동창고가 되는 셈이지요. 여러분들도 한번 해보세요." 그때부터 북간도 사람들은 위험한 사냥을 그만두고 물고기 매운탕으로 영양 보충을 했다. ♠ 뺑3

물고기

철균은 동작이 빠르기로 친구들 사이에서 으뜸이다. 손동작이 순식간에 이루어져 바로 옆에 있어도 모를 정도다. 손재주도 좋아 무엇이든 잘 만들어 낸다. 그러니 친구들이 새로운 일을 하거나 놀이를 할 때는 꼭 함께 간다. 서로가 자기편에 넣기 위해 기를 쓴다. 때로는 서로 데려가려는 욕심에 다툼을 벌이기도 한다. 한 마디로 하면 만능 재주꾼이다.

오늘도 학교를 마치고 나자 친구들이 철균에게 냇가에 물고기를 잡으러 가자면서 찾아 왔다. 친구들은 이미 양동이와 반두, 지렛대를 들고 대문 앞에 서 있다. 친구들은 손재주 좋은 철균이 함께 가야 많이 잡는다는 것을 알고 있다. 천성이 놀기를 좋아하는 데다가 남의 부탁을 거절하지 못하는 성격이라 바로 따라나설 것이라고 믿기 때문이다.

그런데 그날따라 안 간다고 한다. 밀린 숙제 마무리하고 저녁에 물고기를 잡으러 갈 테니까 기다리란다. 캄캄한 밤중에 무슨 물고기를 잡느냐고 지금 가자고 졸라 보지만 요지부동이다. 한 번 안 된다고 하면 누가 뭐래도 하지 않는다는 것을 알기에 더 이상 조르지 않고 돌아간다. 힘이 빠진 모습으로 돌아가는 친구들을 향해 한마디 던진다. "이따가 해가 빠지거든 마을 앞 개울가에 마대 하나를 들고 나와라. 고기는 내가 잡을 테니까." 친구들이 고개를 갸우뚱거리면서 중얼거린다. "도대체 밤에 무슨 물고기를 잡는다는 거야?"

해가 지고 어둑해지자 친구들이 개울가로 하나둘 모여들기 시작했다. 그러나 좀처럼 철균의 모습이 보이지 않는다. 약속을 어기지 않는 친구인데 어떻게 된 일이지 하면서 기다린다. 그때 철균이 뒷짐을 지고 어슬렁거리면서 나타난다. 그런데 빈손이다. 친구들의 얼굴에 철균의 장난에 속았다는 표정이 역력하다. 어두운 밤중에 물고기를 잡는 것도 어려운데 빈손이라니 속은 것이 분명했다. 그때 철균의 뒤쪽에서 딸깍하는 소리와 함께 주변이 대낮같이 환하게 밝아졌다. 모두가 깜짝 놀라서 이게 뭔가 하고 신기해한다. 그때서야 철균이 환하게 불이 켜진 플래시를 빙빙 돌리면서 자랑을 한다. "이게 뭔 줄 아니? 플래시라는 거야. 이걸 켜면 대낮 같이 밝아 이걸로 물고기를 잡을 거야." 지금까지 남포등이나 횃불 정도만 보아 왔던 친구들이라 신기한 듯이 철균만 바라본다.

그때 한 친구가 묻는다. "그물도 아니고 작살도 아니고 도대체 그걸로 어떻게 잡니? 놀리지 말고 나온 김에 물가에서 놀다가 가자."고 한다. "물고기는 내가 잡을 테니 너희들은 마대에 담기나 해." 하고는 방법을 설명하기 시작한다. "물속에 플래시를 비추면 물고기들이 빛을 보고 모여 들어. 그때 불빛을 옆으로 움직이면 물고기들이 따라 오지. 불빛을 반대편으로 움직이면 또다시 따라 온다고. 그러면서 불빛을 움직이는 속도를 높이면 물고기들도 빨리 움직이게 되지. 이때 계속 좌우로 움직이는 속도를 높이고 동작을 크게 하면 물고기들도 불빛만 보고 정신없이 따라 다녀. 그러다가 플래시를 '휙' 하고 빠른 속도로 마대를 향하여 들어 버리면 물고기들이 '후다닥' 하면서 마대 속으로 쭉~ 빨려들어 가버리지. 그럼 끝이야. 쉽지. 그런데 마대를 잡고 있는 사람이 잘 맞추어야 해." 철균의 설명에 친구들이 믿어야 할지 모르겠다는 표정으로 멍하게 쳐다본다.

직접 시범을 보여 준다면서 철균이 물속에 플래시를 비추자 돌틈에 숨어 있던 물고기들이 한 마리 두 마리 모여들더니 삽시간에 떼를 이룬다. 불빛을 받은 물고기 비늘의 반짝이는 모습에 친구들이 넋을 놓고 있을 때 플래시를 옆으로 움직이자 물고기들이 따라서 움직인다. 다시 반대쪽으로 움직이자 역시 따라 움직인다. 그제야 친구들이 "와" 하고 함성을 지르자 "쉬" 하고 조용히 하라고 주의를 준다. 조금씩 속도를 높이자 역시 물고기 속도도 빨라진다.

몇 차례 플래시를 좌우로 움직이더니 스위치를 끈다. 오늘은 여기까지만 연습을 하고 본격적인 물고기 잡이는 내일부터 할 테니 준비들 단단히 하고 나오라고 하자 친구들이 아쉽다는 표정을 짓는다. 그때 철균이 하늘을 가리키며 한마디 더 한다. "연습을 많이 하면 저기 날아가는 기러기도 잡을 수 있으니까 기대해." 오늘 플래시로 물고기 잡는 모습을 보지 못해서 아쉽지만 친구들은 내일은 신기한 모습을 볼 수 있을 것 같은 기대감을 가지고 집으로 돌아갔다. 더구나 날아가는 기러기도 잡아 준다고 하니 잘만 하면 맛있는 기러기 고기도 먹을 수 있을 것 같은 생각이 든다. 워낙 철균의 솜씨가 좋으니까. 한편으로는 속은 것 같은 생각도 든다. ♠ 뺑4

장어

장어 잡으러 가자면서 아이들이 우르르 강가로 몰려간다. 아이들 손에는 양동이와 반두, 작살, 그물조각, 물안경과 같은 각양각색의 도구들이 들려 있다. 각자가 자기 나름대로의 방법으로 장어를 잡겠다며 장비를 들고 나온 것이다. 장어는 강에 살고 있는 민물장어를 말한다. 뱀처럼 생겼다고 해서 뱀장어라고 한다. 예로부터 영양이 풍부하고 맛이 좋아 누구나 좋아하는 물고기다. 특히 남자들에게는 자양강장식품으로 여자들에게는 피부미용에 좋다는 소문이 나면서 장어의 인기는 크게 치솟았다. 인기가 높았던 만큼 누구나 쉽게 먹을 수는 없었다.

지금은 가격이 워낙 비싸서 서민들은 감히 먹을 엄두를 내지 못한다. 특히 자연산 장어는 부르는 것이 값이라고 할 만큼 그 가격이 장난이 아니다. 그러니 그림의 떡이다. 반면에 예전에는 강에 장어가 흔했지만 먹기 어려운 것은 매한가지였다. 장어란 놈이 워낙 매끄러워 잡기가 쉽지 않았다. 간혹 낚시에 걸려서 올라오거나 전문 어부들이 그물을 쳐서 잡는 것이 대부분이었다. 그러니 어쩌다가 한 마리를 잡으면 횡재를 한 것이다. 그러나 아이들의 장어 잡이는 계속되었다. 지금과 다르게 딱히 즐길 놀이도 없으니 무료한 여름철 오후 시간이 되면 강가 풀밭에 소를 풀어 놓고 각자 자기 방식으로 장어 잡이에 나선다.

강가에서 나고 자란 아이들이라 수영에는 자신이 있으니 물에 들어가는 것은 식은 죽 먹기다. 안방에서 노는 것이나 다를 바 없다. 굵은 철사를 뾰족하게 갈아서 만든 작살을 들고 강바닥이나 장어 굴을 쑤시는가 하면 어떤 아이는 물안경을 쓰고 강바닥을 기어 다니면서 장어가 보이면 그물 조각으로 감싸서 잡는다. 더러는 서너 명이 힘을 합쳐 작은 도랑을 막거나 물길을 돌리고 양동이로 물을 완전히 퍼내는 작전을 쓰기도 한다. 힘은 들지만 위치만 잘 잡으면 어느 방법보다 확률이 높다. 그러나 장어를 잡는 아이들은 그리 많지 않다.

모든 아이들이 물속을 들락거리면서 장어잡기에 분주하지만 오직 한 아이만이 강둑에서서 들어갈 생각을 하지 않는다. 손재주가 많은 아이라 친구들이 들어오라고 재촉을 하지만 들어갈 생각을 않는다. 자꾸만 저 멀리 보이는 큰길만 쳐다볼 뿐이다. 장어를 잡는 도구를 누나가 가지고 오기 때문에 누나가 타고 오는 버스를 기다린다고 한다. 곧 도착할 버스에 그 도구가 있다면서 조금만 기다리라는 표정이다. 하루에 두 번씩 마을 앞을 지나가는 버스가 모퉁이를 돌아 먼지를 일으키며 달려오자 버스정류장을 향해 쏜살같이 달려간다. 모두들 도대체 무슨 새로운 장어 잡이 도구를 구해 오는지 궁금하지만 오로지 장어잡기에 매달릴 뿐이다.

버스가 도착하고 누나가 내렸지만 빈손이다. 읍내에 볼일을 보러 갔다가 오는 길이다. 물고기 잡기에 관심도 없는 누나이기에 장어 잡는 도구를 구해 올 리가 없다. 그런데 이 친구는 무얼 그렇게 기다렸는지 모른다. "누나 빨리 벗어줘, 빨리 빨리" 동생의 독촉에 누나가 멍한 표정으로 바라본다. "뭘?" "스타킹, 스타킹으로 장어를 잡아 올게." 동생의 뚱딴지같은 독촉에 말도 안 되는 소리 하지 말라면서 집으로 발걸음을 옮기자 계속 따라가면서 조른다. "도대체 스타킹으로 어떻게 장어를 잡니? 말도 안 되는 소리 하지 말고 가서 놀아라." 동생이 워낙 끈질기게 조르자 하는 수 없이 무릎까지 오는 양말스타킹을 벗어 주면서 한마디 한다. "나일론 스타킹이야. 얼마나 비싼 줄 알아? 구멍을 내거나, 장어를 못 잡아 오면 알아서 해." 높은 경고의 목소리다. 뭉치면 한 줌도 안 되는 스타킹을 받자마자 강가로 달려간다.

친구들이 무슨 대단한 도구를 가지고 오는지 궁금해서 쳐다보지만 역시나 빈손이다. 그때 보란 듯이 스타킹을 흔들어 보이며 강물 속으로 뛰어 든다. 모두가 어이가 없다는 듯이 웃는다. 잠시 후에 물 속에서 머리를 내밀자 모두들 눈이 휘둥그레진다. 입에 뭔가 묵직한 것이 들어있는 스타킹을 물고 있고 왼손에도 묵직한 스타킹이 들려 있다. 오른쪽 한 손으로 능숙하게 헤엄을 쳐서 강가로 나오자 친구들이 몰려온다. 스타킹 안에 커다란 장어가 한 마리씩 들어 있다. 친구들이 이구동성으로 묻는다. "야~ 어떻게 잡았어?" "비밀이야."

커다란 장어 두 마리를 안고 들어오자 온 가족이 놀랐다. 스타킹

안에 검은색을 띤 장어 두 마리가 꿈틀대고 있었기 때문이다. 우물가에 있는 양동이에 물을 담고 장어를 풀어 놓으니 당장이라도 튀어 나올 듯이 거세게 날뛰다가 금방 얌전해졌다. 누나가 "너 도대체 저 큰 장어를 맨손으로 어떻게 잡은 거야?" 하고 물었지만 "비밀이야. 다른 사람들이 알면 곤란해." 하면서 대답을 않는다. 절대로 비밀을 지킨다는 다짐을 받고 나서야 장어를 잡는 방법을 설명한다. "장어는 미끄러워서 맨손으로는 절대로 잡지 못해. 그래서 스타킹으로 잡는 거야. 오른손에 스타킹을 팔꿈치까지 끼고, 장어가 쉬고 있는 좁은 굴에 손을 천천히 아주 천천히 집어넣으면 장어가 외부의 침입자가 들어오는 것으로 알고 천천히 굴을 빠져 나와. 이때 손이 너무 빨리 들어가면 장어가 놀라서 후다닥 도망을 가기 때문에 속도가 매우 중요해. 장어 머리가 팔목을 지나서 조금 더 나왔다고 생각될 때 오른손을 순간적으로 빼내면서 왼손으로 스타킹 목을 안쪽으로 '홱' 뒤집으면 장어가 스타킹 안에 쏙 들어오지. 이때는 처음과는 반대로 빠른 속도가 중요해. 그럼 스타킹 끝을 묶어서 나오면 끝이야. 간단하지?" 설명을 듣던 온 가족이 저 녀석 말을 믿어야 말지 하는 아리송한 표정을 짓는다. 이때 한마디를 더 하고 대문 밖으로 뛰어 나간다. "절대로 친구들에게 이야기하면 안 돼 알았지. 친구들이 알면 강에 장어가 남아 있지 않을 거야." 뻥5

부채

단오가 되면 임금님이 합죽선을 만들어서 신하들에게 하사를 했다. 다가올 여름 더위를 무사히 넘기라는 뜻이었다. 조정으로부터 합죽선을 진상하라는 명이 떨어지면 담양도호부의 부사는 바빠진다. 다른 지역에도 대나무가 많지만 담양의 맹종죽이 좋기 때문이다. 그러니 조정에 진상할 부채는 언제나 담양부사의 몫이었다. 부사로써는 부담이 되기는 했지만 보람도 있다. 임금님께 진상할 부채를 만든다는 자부심도 생긴다. 말 못 할 또 다른 재미도 있다. 정해진 물량보다 조금 더 만들어 자기 몫으로 챙기는 재미도 쏠쏠하다. 몇 개를 더 만든 부채는 조정에서 자신의 뒷배를 봐주는 고관들에게 슬쩍 찔러주는 것이다. 그 효과는 말로 할 수가 없다. 신이 난 부사는 가장 좋은 맹종죽이 자라는 대밭에 금줄을 치고 잡인의 출입을 막았다. 본격적으로 합죽선을 만들기 위한 준비에 들어간 것이다.

단오를 두 달 남겨놓은 3월 초 경상감영에 파발마가 뛰어들었다. '4월 스무날까지 관찰사는 크고 아름다운 리선鯉扇, 잉어비늘로 만든 부채 쉰 개를 진상하라.' 관찰사의 얼굴이 하얗게 질렸다. 급히 육방관속을 불러 모았다. "조정에서 리선鯉扇 쉰 개를 진상하라는데 도대체 리선鯉扇이 뭔가?" 공방이 나섰다. "낙동강에서 나오는 잉어 비늘로 만든 부채를 말합니다." 잉어비늘로 부채를 만들라니 이게 말이나 되는 것인가. 어명이니 지키지 않을 수가 없다. "잉어 비늘로 어떻게 부채를 만든다는 것이오. 공방은 만들 수 있소." "예 낙동강에 있는 큰 잉어를 잡아 그 비늘로 만드는데 요즘은 큰 잉어가 흔하지 않습니다." 관찰사는 기가 막혔지만 도리가 없었다. 만들라면 만드는 수밖에 없지 않는가.

공방이 리선鯉扇을 만드는 방법을 설명한다. 파미현(왜관)의 낙동강 변에 사는 김아무개가 큰 잉어를 잘 잡는데 손재주가 좋아 부채도 잘 만드니 너무 걱정을 말라고 한다. 공방의 말에 따르면 잉어 비늘을 깨끗이 씻어서 비린내를 없앤 다음, 그늘에서 바짝 말리고 다리미로 납작하게 다린다. 그리고 잘 다듬은 부챗살에 비늘을 아교로 붙여서 만든다고 했다. 이때 비린내가 없고 비늘이 투명해 눈앞을 가려도 훤하게 보여야 좋은 부채다. 보통 큰 잉어 비닐 다섯 개만 있으면 부채 하나를 만들 수 있는데 주로 합죽선을 만들 때 사용한다. 정말로 큰 잉어는 비늘 하나로 둥근 부채를 만들 수 있단다. 여기에 화공들이 태극문양을 그려 넣으면 진귀한 보물이 된다고 했다. 또한 잘 만들어진 부채는 한여름에도 찬바람이 나오는데 서너 번만 부쳐도 물잔에 살얼음이 언다고 한다. 도대체 쉬지 않고 설명하는 공방의 말을 믿어야 할지 모를 지경이다. 비늘 하나로 부채를 만들 만큼의 큰 잉어가 어디 있다는 말인가.

"그럼 공방이 책임지고 리선鯉扇 쉰 개를 만들어 오시오." 그날로 공방은 칠곡도호부로 떠났다. 공방은 칠곡도호부에 도착하자마자 칠곡부사에게 어명으로 리선 예순 개를 만들어야 하니 파미현(왜관)에 있는 어부의 집에서 한 달 동안 머물 수 있도록 해달라고 했다. 그날부터 공방은 낙동강 변에 있는 어부 김 아무개의 집에서 한 달 동안 머물면서 잉어를 잡고 부채를 만들었다. 그러나 둥근 부채를 만들 만큼의 큰 잉어는 쉽게 잡히지 않았다. 급한 마음에 작은 비늘을 붙인 합죽선 쉰세 개를 만들어 놓고는 쉬고 있었다. 그때 강에 나갔던 어부가 헐레벌떡 달려왔다. 엄청나게 큰 잉어를 잡았는데 들고 올 수가 없어서 뱃전에 묶어 두고 왔다고 한다.

공방이 버선발로 강가로 달려갔다. 과연 어마어마한 잉어였다. 너무 커서 겁이 날 정도였다. 저 정도 잉어비늘이면 둥근 부채를 만들 수 있을 듯했다. 둘은 비늘이 상하지 않도록 조심스럽게 떼어냈다. 부채를 만들 수 있는 큰 비늘이 일곱 개가 나왔다. 그리고 꼬박 열흘에 걸쳐 둥근 부채를 만들었다. 이제 감영으로 가져가 태극문양만 그리면 진귀한 보물이 탄생한다.

이튿날 관찰사 집무실인 선화당에 공방이 당당한 모습을 드러냈다. "소인 명을 받고 리선鯉扇 쉰 개를 만들어 왔습니다. 합죽선이 마흔다섯 개, 한 개의 비늘로 만든 둥근 부채가 다섯입니다. 이제 태극문양만 그려 넣으면 천하명품이 됩니다." 공방의 목소리에 힘이 잔뜩 들었다. 임무를 완수했다는 의미다. "어디 보자." 부채를 살펴보던 관찰사의 눈가에 작은 경련이 일었다. '정말로 잉어비늘로 만든 부채가 있긴 있구나.' 하고 감탄했다. 그리고는 둥근 부채를 부치자 정말로 한겨울의 한기가 밀려왔다. 시험 삼아 앞에 놓인 찻잔에 부채질을 하자 거짓말처럼 살얼음이 끼었다. 몹시 탐이 나는 부채였지만 임금님께 진상할 것이라 함부로 만지기도 어려웠다. 자리에서 물러나는 공방의 얼굴에 웃음이 가득하다. 숨겨놓은 리선鯉扇 열 개를 생각하면 할수록 기분이 좋았다. 이걸 잘 쓰기만 하면 큰돈을 벌 수 있을 뿐만 아니라 자신의 출셋길을 열어 줄 수가 있는 열쇠가 될 것 같은 생각이 들었기 때문이다. 집으로 돌아온 공방은 감추어 놓은 부채 열 개를 기름종이에 곱게 싸서 다락에 깊숙이 숨겼다. 관찰사가 다른 곳으로 발령이 나면 그때 꺼내어 태극문양을 그려 넣어서 쓸 생각이다.

♠ 뺑6

핑계 없는 무덤

예전엔 사대부들은 억울한 일이나 남의 잘못된 일을 임금께 직접 상소를 올려 자신의 뜻을 알렸었다. 그러나 일반 백성들은 억울함을 알릴 기회가 많지 않았다. 자신의 억울함을 알릴 방법 중의 하나가 신문고였다. 신문고를 크게 두드리면 임금이 그 소리를 듣고 억울함을 해결했다. 또 다른 방법은 격쟁이다. 임금이 행차를 할 때 꽹과리를 두드려서 자신의 억울함을 알리는 것이다. 이런 방법은 효과는 있지만 많은 위험이 따랐다. 잘못하면 육모방망이 세례를 받을 수도 있다.

해방 후 정부가 수립되고 현대적 행정체계가 구축되면서 등장한 방법은 진정서였다. 왕조시대에 있었던 '상소문'이 보편화 된 것이다. 억울한 일이 있는 사람은 누구나 사연을 구구절절하게 적어 보내면 해당 기관에서는 사실 여부를 조사해서 조치를 취하고 진정인에게 결과를 알려준다. 요즘은 인터넷이 보급되면서 더 쉬워졌다.

자신의 억울함이나 요구사항을 언제든지 해당 기관 홈페이지에 들어가 자유게시판에 올리면 된다. 실명은 물론 익명도 가능하다. 이러다 보니 어느 기관 할 것 없이 자유게시판은 진정은 물론 칭찬과 건의, 비난과 욕설이 난무한다.

그런데 이런 현상은 인간 사회만이 아니라고 한다. 요즘 하늘나라에도 초고속 인터넷이 보급되면서 자유게시판에 자신의 억울함을 호소하는 글이 넘친다고 한다. 하느님도 처음에는 "내가 실수한 것도 없고 편파적으로 한 것도 없는데 저러다 말겠지." 하고 덮어 두었으나 날이 갈수록 늘어나고 귀티즌(죽어서 저승에 간 네티즌)들이 집단행동을 할 조짐마저 보이자 어쩔 수 없이 저승사자를 지상에 파견하여 진상조사를 하게 했다. 주로 자신의 죽음에 대한 진정이 많았다. 저승사자는 조사를 빨리 마치기 위하여 개별 묘지보다 공동묘지 위주로 조사를 해나가기 시작했다.

공동묘지에 들어서자마자 입구에 있던 묘지에서 나온 노인이 나와 다짜고짜 억울하다고 하소연부터 했다. 하느님에 대한 원망도 대단했다. 사연인즉 70세에 폐암으로 죽었는데 억울하다고 했다. 저승사자가 "50년 동안 담배를 피웠으니 당연한 결과가 아니냐."고 하자 대뜸 "나보다 담배를 더 많이 피운 우리 아버지는 90까지 살았다."면서 형평성에 어긋나니 20년은 더 살게 해 달라고 졸랐다. 누구는 90이고 누군 70이니 너무 불공평하다는 것이었다.

다음은 신혼여행에서 교통사고로 죽은 부부가 같이 나와서 너무 너무 억울해서 못 살겠다고 난리를 쳤다. 기분도 낼 겸 해서 드라이브 하다가 중앙선 '쪼끔~' 넘었는데 맞은편에서 오던 덤프트럭과 충돌하여 이렇게 되었단다. 그러니 얼마나 억울하냐는 것이다.

중앙선을 많이 넘은 것도 아니고 '아주 쪼끔~' 넘었을 뿐이다. "평생에 한번인 신혼여행인데 한잔하고 둘이서 껴안고 운전하다 보면 그럴 수도 있지 그 정도도 못 봐주느냐."면서 부부가 함께 대들었다. 더 억울한 것은 덤프트럭 운전사는 멀쩡한데 왜 우리만 죽어야 하느냐는 것이다. 모두가 하나같이 억울하니 다시 살려내라는 말뿐이다. 답답한 마음에 담배만 뻑뻑 피우다가 조사를 계속했다.

이번엔 목사님 차례였다. 도대체 이해가 안 된다는 말부터 했다. 아직 이 세상에서 구원해야 할 어린 양들이 널려 있는데 나를 벌써 데려오면 도대체 어쩌겠다는 말이냐. 혹시 실수했는지 모르니 다시 한 번 확인해 달라고 했다. 신부님 차례에선 이랬다. 나는 가족도 없이 독신으로 검소하게 살았고 미사 때마다 신도들의 어려운 이야기 다 들어주고 어루만져주고 보살폈는데 왜 벌써 데려왔는지 모르겠다. 아직도 고해성사 들어주어야 할 신도들도 많고, 조금 있으면 주교도 되고 추기경도 될 수 있었는데 너무 일찍 데려온 것 아니냐면서 은근하게 불만을 표시했다.

모두가 억울하다고만 하니 혹시 하느님이 잘못했을 수도 있다는 생각이 들어 조사를 중단하고 하늘나라로 돌아가기로 했다. 가는 길에 머리나 식힐 생각으로 절에 들렀는데 부도탑 뒤에서 누가 작은 목소리로 부른다. 돌아보니 스님이 좀 보자며 손짓을 한다. 가까이 가니 "가거든 내 이야기 꼭 좀 전해 주시오. 요즘 부끄러워서 못 살겠다."고 한다. 평생 수도만 하고 살았는데 조금 더 두었으면 오색영롱한 '사리'가 더 많이 나왔을 텐데 너무 일찍 부르는 통에 달랑 세 개만 나와서 체면이 말이 아니라는 것이다. 부르는데 안 갈 수는 없고 급한 마음에 제자들에게는 혹시나 하는 생각에 절대로 '사리'

는 수습하지 말라고 신신당부를 했다. 그런데 이놈들이 생각도 없이 시키지 않은 짓을 해서 체면이 많이 구겨졌다면서 조금만 더 있으라고 했으면 좋았을 텐데 하는 아쉬움이 역력했다.

저승사자는 조사를 마치고 하늘나라로 돌아왔으나 조사결과를 어떻게 보고할까 고민하다가 압축된 보고서를 올렸다. "하느님 모두가 억울하고, 조금은 더 살아야 한다는 주장이었습니다. 핑계 없는 무덤은 하나도 없었습니다. 다음부턴 부르실 때 좀 더 신중을 기하셔야 할 것 같습니다."

바다 이야기

요즘 우리 국민들의 문학적 수준이 날로 높아지고 있다. 예전 대가족 제도에서 우리가 처음으로 접하는 문학세계는 할머니 무릎을 베고 듣던 이야기였다. 지금은 핵가족화되면서 이런 풍경은 대부분 사라졌다. 어른 아이 할 것 없이 이야기를 들을 기회가 없어졌다. 안타까운 현실이다. 이런 안타까운 현실을 타개하기 위해 나온 혁신방안이 바다 이야기다. 얼마 전까지는 도시나 농촌 할 것 없이 거리마다 목 좋은 가게에는 푸른 바다에 물고기가 떼를 지어 노니는 간판을 걸고 바다이야기를 들려주었다. 신문과 방송에서도 온통 바다이야기만 하는 듯하다. 아침 첫 뉴스부터 마지막 뉴스까지 모두 '바다이야기' 이야기이다. 신문도 1면을 모두 도배를 했다. 이러다 보니 온 국민이 문학 속에서 산다. 다음 노벨문학상은 우리나라 차지가 될 것 같다.

우리나라는 희망이 참~ 많은 나라다. 바다를 잘 정복하는 나라가 세계를 정복할 것이라고 미래학자들은 이야기한다. 그래서 대부분의 국가들이 해양강국을 표명하고 있다. 그런데 우리나라는 온 국민이 이렇게 관심이 많으니 해양강국으로 가는 길은 멀지 않은 것 같다. 또 우리나라는 삼면이 바다다. 해상왕 장보고나 충무공 이순신 같은 위대한 조상의 피도 흐르지 않는가.

흔히 바다는 자원의 보고라고 한다. 맞는 말이다. 도시에 있는 바다이야기도 자원의 보고인 모양이다. 그러니 수많은 사람들이 모여들어 묻혀 있는 자원을 발굴하기 위해 밤낮을 가리지 않는 것이 아닐까. 바다이야기에 들어가 보면 과연 바다가 자원의 보고라는 말을 실감할 수 있다. 일단 들어서면 부족함이 없다. 주식을 해결하라고 빵과 컵라면이 무제한 제공된다. 안락하지는 않지만 잠자리도 제공된다. 굳이 숙식을 위해 외부로 나올 필요가 없다. 커피나 음료수, 사탕 등의 간식은 기본이다. 담배를 아무리 피워도 말하는 사람이 없다. 스크린에 고래가 지나가면 곧 대박이 터진다는 예고다. 얼마나 친절한지 모른다. 그러니 게임기 앞을 떠날 수 없다. 숙식 걱정이 없고 간혹 고래도 지나가면서 곧 대박이 터진다고 알려주니 고기 반 물 반의 황금어장이 틀림없는 듯하다.

그런데 며칠 전 청천벽력 같은 소식이 날아들어 많은 국민이 깊은 시름에 빠졌다. 문화관광부가 바다이야기를 재심의해서 퇴출시키겠다고 밝힌 것이 그 원인이다. 그 동안 대박 한 건 터뜨리기 위해 게임장을 내 집같이 드나들던 수많은 게임마니아(주 : 일부에선 도박광이라고도 함)들이 일순간에 허탈감에 빠진 것이다. 한탕 한다는 희망도 없어지고 주변의 시선도 따가워졌다. 몇 년 전 로또복권의 시상금 이월 횟수를 제한하고 게임당 금액을 반으로 줄이는 조치를 내

렸을 때보다 허탈감은 더 큰 듯하다.

바다이야기 퇴출 소식이 다른 업종에 미치는 영향도 만만찮다. 가장 긴장하는 것은 가요계다. 바다이야기가 퇴출되면 바다와 관련된 노래들이 줄줄이 금지곡으로 지정될지도 모른다는 유언비어가 퍼지고 있기 때문이다. '바다에 누워'와 '해변으로 가요' '해변의 여인'이 첫 번째 대상이란 소문이 파다하다. 일부에선 '부산 갈매기'도 포함된다는 여론이다. 한편 그런 히트곡들은 이미 본전을 뽑았기 때문에 피해가 적다는 이야기도 나돈다. 신곡들이 많은 피해를 볼 것이라고 한다. 고래사냥은 이미 80년대에 한 차례 금지곡이 된 경험이 있어 그저 담담한 표정인 것으로 전해지고 있다. 노래방 업주들도 바다와 관련된 노래가 제재를 받을 경우 매출 감소를 걱정한다. 부산 자갈치 아지매들은 바다이야기와 자갈치시장은 아무 연관이 없다면서 일찌감치 선을 긋고 나섰다. 바다와 가까이 있기는 하지만 고래는 팔지 않고 갈치나 고등어, 멸치 같은 작은 생선만 판매한다는 것이다. 지레 겁을 먹은 모양이다.

앞으로 개헌이 쉬워질 것으로 예측하는 헌법학자들도 있다. 이번에 헌법 개정절차 없이도 제1조 제1항의 '민주공화국'을 '도박공화국'으로 바꾸었기 때문이다. 차제에 헌법 제1조제2항도 '모든 가정파탄은 게임장으로부터 나온다.'로 바꿀 필요가 있다고 주장하기도 한다. 새로운 한류문화로 외국에 수출하자는 의견도 있다. 한류 스타들을 바다이야기 홍보대사로 위촉하여 활용하면 성과는 더 높을 것으로 예측하기도 한다. 조만간 동남아권에서 벤치마킹 행렬이 이어질 것으로 보인다.

온 나라에 널리 퍼진 바다이야기의 파장이 만만찮다. 한 집 건너 게임장이고 파탄을 맞은 가정이 한둘이 아니다. 자살자도 나오고 있다. 탈도 많고 말도 많은 바다이야기다. 정부에서 퇴출 방침을 정했으니 조기에 퇴출될 것으로 기대된다.

(2006년)

과외공부

세월이 참으로 빠르다. 올해로 벌써 귀랍鬼臘; 죽어서 귀신이 된 나이 십 년이다. 십 년이면 강산도 변한다고 하지 않는가. 귀랍 십 년에 접어드니 이제 알 만큼은 안다고 하는 자신감도 생기고 저승생활도 익숙해졌다. 그동안 공부도 많이 했다. 일년 365일을 주로 저승에서 지내다 보니 이승보다는 저승에 대한 공부를 많이 한다. 이승은 변화의 속도가 너무나 빨라 따라가기가 어렵다. 어제 한 공부가 오늘은 쓸모가 없다고 할 정도로 이승은 빨리 바뀐다. 사정이 이러니 이승에 대한 공부를 자연스럽게 멀리하게 된다.

처음 저승에 왔을 때만 해도 그동안 정들었던 이승에 대한 그리움이 컸었다. 마무리하지 못한 일도 많고 그간의 정을 끊지 못했기 때문이다. 그러니 이승으로의 외출을 학수고대한다. 대략 십 년 정도 지나면 무덤덤해진다. 저승은 천당과 지옥 두 개의 동네로 이루어져 있으나 양극화가 심하다. 복지혜택이 하늘과 땅만큼의 차이가 난다. '탱자 탱자'와 '아등 바등'이다. 같은 것은 하나다. 외출과 외박이다. 외출은 아침에 나왔다가 오후에 돌아가는 설과 추석 명절에 주어지고, 외박은 자신과 배우자의 제삿날이다. 외박은 저녁 늦게 나갔다가 다음날 새벽에 돌아온다. 요즘은 부부간의 제사를 한꺼번에 지내는 가정이 많아 외박이 줄어드는 추세다.

외출과 외박이 기다려지는 것은 사실이지만 마냥 좋은 것만은 아니다. 이승의 변화가 너무나 빨라 따라가기 어렵기 때문이다. 외출의 어려움은 길 찾기다. 예전에는 누구나 집에서 차례를 지내기 때문에 아무런 불편도 없었다. 눈 감고도 찾아갈 수 있었다. 대부분 장남 집에서 지내고 이사도 자주 가지 않으니 쉬웠다. 이제는 달라졌다. 형과 동생이 뒤바뀌어 지내는 집도 있고. 해마다 번갈아 가면서 교대로 지내는 집도 있다. 집 밖에서 지내는 집도 허다하다. 호텔에서 지내고 펜션에서도 지낸다. 장소가 수시로 바뀌니 찾아가기가 어렵다. 그때그때 장소를 미리 알아놓고 준비를 하지만 쉽지가 않다. 그러니 이제는 귀신들도 장비를 사용한다. 내비게이션이다. 처음 도입될 때만 해도 시큰둥하더니 성능이 좋다는 입소문이 나면서 너도나도 근두운觔斗雲에 달고 다닌다. 주소나 건물 이름, 전화번호만 입력하고 안내를 누르면 예쁜 목소리의 아가씨가 친절하게 안내해 준다. 이제 귀신도 못 하는 일을 기계가 해내고 있다. 덕분에 장소를 몰라 헤매다 되돌아오는 귀신은 없다.

외출의 어려움이 장소라면 외박의 어려움은 시간 맞추기다. 예전에는 모두가 제사를 시간 맞추어 지냈으므로 자시(밤 11시~새벽 1시)에 와서 인시(새벽 3시~새벽 5시)에 돌아갔었다. 이제는 앞당겨 술시(7~9)와 해시(9~11)에도 지내니 시간이 일정치 않아 어렵다. 처음에는 시간을 맞추지 못해 헛걸음도 했다. 시간에 맞추어 오면 이미 제사는 끝나버린 것이다. 그렇다고 염라대왕에게 시간을 앞당겨서 외박 신청하는 것도 쉽지 않았다. 그러나 이제는 대부분 그렇게 하니까 그럭저럭 적응해 나간다. 염라대왕도 인정하는 사실이라 오히려 잘됐다. 덕분에 그만큼 시간이 길어져 자유로운 점도 있다. 일찍 나와서 늦게 들어가는 것이다. 다만 부부의 제사를 합쳐서 지내니 외박의 기회가 줄어드는 것이 흠이다.

저승에 온지 십 년밖에 지나지 않았지만 이승은 너무나 빠르게 변해서 낯선 경우가 많다. 새로운 것이 너무 많아서 당황하는 경우도 흔하다. 이승이 너무 빨리 변해서 귀신들도 모른다고 농담을 한다. 그 중의 하나는 집안에 들어가는 일이다. 예전에는 누구나 대문을 활짝 열어놓고 제사를 지냈다. 저승에서 찾아오는 조상들이 들어올 수 있도록 하기 위한 배려에서다. 이제는 사정이 달라졌다. 전국민의 48%가 아파트에 산다. 아파트 거주가 늘어나다 보니 문제가 생긴 것이다.

내비게이션의 안내를 따라 지상으로 내려오면 야경이 참으로 화려하다. 그러나 가까이 다가오면 두려움이 앞선다. 하늘을 찌를 것 같이 높은 아파트를 보면 아찔하다. 이삼십 층은 명함도 내밀지 못한다. 사방은 두터운 유리로 덮여있다. 도무지 틈이 보이지 않는다. 그러니 제사상이 차려진 집안으로 들어가기가 어렵다. 1층 출입문을 통과하는 수밖에 없다. 하지만 1층도 만만찮다. 두꺼운 유리문이 사천왕처럼 가로막고 있다. 예의바른 자손들이 아파트 현관문은 열어 놓았지만 1층 출입문까지 열어 놓을 생각을 못 한 것이다. 아무리 보아도 들어갈 틈이 보이지 않는다. 밀어보고 당겨보아도 꿈쩍도 않는다. 미닫이 문인가 싶어 옆으로 밀어보지만 요지부동이다. 두들겨보아도 무소식이다. 난감하다.

혼자 힘으로는 해결방법이 보이지 않는다. 아쉽지만 발길을 돌렸다. 내년에 다시 오면 되지 하면서 위안을 삼는다. 그때 조그마한 오토바이가 왜~앵 하는 소리를 내면서 달려와 문 앞에 멈추었다. 청년이 네모난 철가방을 들고 내렸다. 청년은 거침없이 문 앞에 서서 인터폰을 누른다. 그러자 "지지~직" 하는 기계음이 들리는 순간 바로 "배달입니다." 하고 외치자 "예" 하는 대답과 함께 문이 스르륵 열린다. 신기한 일이다. 이제 알았다. '배달'이 암호로구나. 입가에는 회심의 미소가 번진다. 이제 암호를 알았으니 걱정이 없다는 생각에서다. 혼자 '배달' 암호로 연습을 하려다가 혹시나 하는 생각에 청년이 열어놓은 문을 따라 얼른 들어갔다. 이제 건물 안으로 들어왔으니 집을 찾아가는 것은 걱정이 없다. 그사이 청년은 벌써 엘리베이터 안으로 들어가고 있었다. 뒤따라가려고 하는 사이 문은 닫히고 위쪽에 1, 2, 3, 4, 5 숫자만 올라간다. 편한 엘리베이터를 포기하고 계단을 걸어서 올라가니 쉬운 일이 아니다. 32층까지 올라가니 숨이 턱까지 찬다. 다행히 현관문은 열려 있고 푸짐한 제사상이 차려져 있다. 오는 길은 험난했지만 정성 어린 제사상을 받고 나니 그동안의 어려움은 눈 녹듯이 사라졌다.

제사상도 많이 변했다. 조율이시, 홍동백서의 제사 진설법은 찾기 어렵다. 못 보던 바나나와 파인애플 같은 열대과일이 올라오고 케익과 피자도 올라온다. 나이 지긋한 조카가 "이제는 제사상에 피자도 올라오는구나." 하자 "어차피 우리가 먹을 거잖아요." 하는 손자의 답변이 돌아온다. 맞는 말이다. 못 보던 음식에 제사상에 올랐다고 기분 상할 일은 아니다. 차려주는 대로 푸짐하게 먹고 가면 그만이니까. 너무 예전 방식을 고집하다 보면 내년에는 얻어먹지 못하는 수도 있다. 주는 대로 먹는 것이 상책이다.

좀 더 머물고 싶은 마음이지만 갈 길이 멀어 일찍 나섰다. 내려오는 길이야 쉽다. 든든한 배에 술도 한잔 들어갔으니 콧노래를 흥얼거리며 내려온다. 1층이 금방이다. 기분 좋은 일은 또 있다. 문 앞에 서니 유리문이 자동으로 열린다. '배달' 암호를 쓰지도 않았는데 자동으로 열렸다. 자손들이 내가 쉽게 가라고 알아서 열어준 것이구나. 역시 내가 자식 하나는 잘 키운 것 같다고 자부하면서 문밖으로 나오자 문이 스르륵 닫힌다. 옆에 있던 할멈이 내년에 대비해서 연습을 한번 해보고 가자고 한다. 인터폰을 누르고 '배달' 암호를 썼다. "배달입니다." "배달 안 시켰어요." 하는 대답만 돌아오고 문은 열릴 생각을 않는다. "그 사이 암호가 바뀌었나?" 하면서 다시 한 번 '배달'을 외쳐보았지만 돌아오는 것은 배달 안 시켰다고 하는 짜증스러운 목소리뿐이다.

이승은 빨리 바뀐다더니 정말 빨리 바뀌는구나 하면서 돌아서지만 얼마 남지 않은 추석 외출 나올 생각하니 은근히 걱정이 된다. 오늘 돌아가면 아파트 출입문 여는 방법을 집중적으로 공부해야겠다. 단기속성반에 등록해서 과외공부를 하면 추석 걱정은 하지 않아도 될 것 같다. 그나저나 저승에 열쇠학원이 있는지 모르겠다. 이러다가 지각하면 큰일이라는 할멈의 재촉에 근두운觔斗雲의 시동을 건다.

한국인의 수명

한국인의 평균수명은 79세다. 조선 시대의 평균수명 40세와 비교하면 배로 늘었다. 그중에서 여자는 85세로 남자보다 훨씬 높다. 이렇게 한국인의 평균수명이 늘어난 것은 무엇 때문일까. 먼저 충분한 영양섭취가 중요한 원인 중의 하나일 것이다. 다음으로는 의료기술의 발달을 꼽을 수 있다. 뛰어난 의료기술 덕분에 영아 사망률을 크게 줄인 것이 평균수명의 연장을 가져왔다. 전 국민 건강보험 시행으로 조기검진과 적기 진료가 가능해져 생명을 위협하는 중대한 질병으로의 진행을 막을 수 있었기 때문이기도 하다.

그런데 최근 들어 한국인의 평균수명 연장은 영양과 의료기술의 발달이 아닌 다른 원인이 있다는 주장이 제기되고 있다. 이들이 주장하는 원인은 무엇일까. 외모 지상주의와 웰빙이 그 원인이란 것이다. 웰빙은 수긍이 가지만 외모와는 연결고리를 찾기가 어렵다. 인간의 수명은 하늘의 뜻에 달려 있다는 것이 우리의 전통적인 생각이었다. 그래서 인명은 제천이라 했다. 염라대왕은 인간의 수명이 적힌 명부를 보고 저승사자들이 지상으로 내려 보내 인간을 데려간다. 그런데 언제부터인가 저승사자들이 한국으로 출장 오는 것을 매우 꺼린다는 것이다. 염라대왕이 출장여비를 대폭 인상하고 특별수당까지 지급하지만 기피현상은 여전했다.

원인을 분석하니 언제부턴가 한국으로 출장을 다녀오면 징계를 받는 경우가 다반사이기 때문이다. 저승사자들은 왜 한국을 다녀오면 징계를 받을까. 미모 지상주의와 깊은 연관이 있었다. '과거는 용서해도 못생긴 것은 용서할 수 없다.'는 블랙유머처럼 성형열풍이 불면서 너도나도 성형대열에 동참하고 있기 때문이란다. 쌍꺼풀 수술은 기본이고 턱뼈를 깎는 고통도 감수한다. 이렇다 보니 저승사자들도 명부에 실린 사진과 이름만 가지고는 당사자를 찾기가 어렵다. 주소는 정확한데 사진과 전혀 다른 엉뚱한 사람이 있다. 성형수술로 완전히 뜯어 고쳤으니 당연한 일이다. 그러니 데려갈 사람을 찾지 못하는 경우도 있고, 엉뚱한 사람을 데려가는 경우가 허다하다. 성형수술이 때문에 애꿎은 저승사자들만 골탕을 먹고, 징계를 받으니 한국으로 출장 오는 걸 꺼린다. 그 덕분에 평균수명이 길어지는 것은 당연한 일인지도 모른다.

또 하나 저승사자들이 이해하지 못하는 부분이 있단다. 사람들이 평생 동안 죄를 짓지 않고 산다는 것은 매우 어렵다. 그래서 천당행보다는 지옥행이 더 많다. 저승사자들이 일하는 재미가 없어 한국사람은 잡아오기 싫다고 한다. 그것도 여자들은 더욱 싫다. 기껏 고생해서 잡아와 지옥에 넣어놓으면 고통스러워 구해 달라고 애원하는 것이 아니라 지옥에서의 생활을 여유롭게 즐긴다는 것이다. 지옥은 팔열지옥과 팔한지옥 두 가지로 나눈다. 팔열지옥은 뜨거운 불길로 죄값을 치르게 하고 팔한지옥은 추위로 죗값을 치르게 하는 곳이다.

지옥에 들어가면 뜨거운 불길과 추위를 교대로 느끼는 고통을 겪게 된다. 지구상의 수많은 민족들은 지옥에서 견딜 수 없는 고통을 느끼지만 유독 한국인들은 예외다. 목에 타월 한 장 걸치고 스스로 팔열지옥과 팔한지옥을 넘나들면서 "어허~ 시원하다."를 연발하니 저승사자들의 입장에서 보면 기가 찬다. 도대체 지옥에서 잘 견디는 이유가 무엇이냐고 물으니 "아~ 우리 한국 사람들은 얼마 전부터 웰빙 바람이 불면서 전국에 불가마 찜질방이 수없이 생겨 찜질방에서 단련된 몸이라 이 정도 열기는 거뜬하게 견딘다."는 것이다. 형편이 이러니 저승사자들이 무슨 재미로 한국 사람들을 잡아가겠는가. 많은 사람들이 성형수술을 많이 받았기 때문에 고생해서 잡아가면 엉뚱한 사람 잡아 왔다고 벌 받고, 잡아넣으면 고통은커녕 "시원하다." 하고 즐기니 열심히 일한 보람이 없어 저승사자들도 한국 사람은 잘 잡아가지 않는다고 한다. 덕분에 평균수명이 크게 늘어났다고 한다. ㅎㅎㅎ

중요한 것

그녀의 직업은 전업주부다. 결혼과 동시에 얻은 직장이다. 30호봉이 가까워 오다 보니 주된 업무인 애들 키우고 남편 내조는 누가 뭐라고 해도 전문가다. 자신의 직장에선 못 하는 일이 없다. 그러나 이제 그녀는 실직 위기에 처했다. 애들도 커서 이상 엄마의 손길이 필요 없는 것 같다. 좀 더 정확히 말하면 엄마의 손길을 원하지 않는다. 대학생인 막내마저도 '나 어린애 아니거든.' 하는 눈빛이다. 아이들 보살핌은 간섭으로 변한 지 오래됐고, 남편은 바쁘다는 핑계로 내조할 기회를 주지 않는다. 이제 그녀가 할일은 없는 듯하다. 완전히 없어지진 않았지만 많이 줄었다. 일종의 잠재적 실직이다.

아침마다 가족들이 제 할 일을 찾아 떠나가면 혼자서 일거리 없는 직장을 지킨다. 일거리가 없으니 허전하다. 허전을 넘어 점점 허무로 가는 느낌이다. 이러다가 우울증이 올 것 같다. 전업이던 주부의 역할이 줄어드니 부업으로 시간을 때운다. 부업은 같은 업종에 종사하면서 처지가 비슷해진 친구를 만나 수다를 떠는 일이다. 친구들과의 계모임이 유일한 낙인 것 같다. 계는 많다. 큰애 유치원 계부터 시작해 초등학교, 중학교, 둘째 아이의 동급생 엄마들의 계까지, 몇 번의 이사로 만든 아파트 통로 계까지 수없이 많다. 그동안 수많은 계를 만들고 없앴지만 아직도 많다. 매달 한 번 정도 정기적으로 모이지만 대부분 같은 지역에 살고 비슷한 처지라 전화 한 통이면 언제든지 모인다. 얼마 전까지만 해도 애들 진학이 주된 화제였으나 어느새 군대와 취업문제, 결혼문제까지 진도가 나갔다. 남편 흉과 단속도 빠지지 않는다. 그러나 공통점은 허무하다는 것이고, 반드시 해야 하는 중요한 일이 없다는 것이 공통점이다.

새로운 활로를 찾기 시작했다. 이제부터라도 내가 할 수 있는 일을 찾아 새롭게 출발하자는 생각에서 시작한 것이 요양보호사다. 30년 전업 주부를 마감하고 새로운 일을 찾았다. 아침마다 단장하고 출근하니 힘이 솟고 온몸의 피가 더 빨리 도는 듯하다. 힘은 들지만 마음이 힘든 것보다는 좋다. 대상자 가정을 방문해 노인들과 만나서 목욕시키고 청소하고 식사를 챙겨주는 것이 힘은 들지만 이제는 많이 익숙해졌다. 재미도 느끼고 보람도 있다. 수입도 짭짤하다. 살맛이 난다. 이제 나도 할일이 생겼다는 뿌듯함도 있다. 이제 그녀도 자신이 해야 할 중요한 일이 생긴 것이다. 그러나 남편은 시큰둥한 표정이다. 집에서 살림이나 하지 뒤늦게 쓸데없는 일 저지른다는 투다. 그녀에게 중요한 일이 남편에겐 쓸데없는 일인 듯하다.

그녀가 나가는 가정은 가벼운 치매증상이 있는 할머니다. 치매

증상은 있으나 몸은 성하다. 매일 만나다 보니 이제는 얼굴도 익히고 대화도 조금은 통한다. 식사와 목욕 청소 등 기본적인 일이 끝나면 마주 앉아서 수다를 떨어주는 것도 일이다. 다른 집에 비하여 조금 쉬운 가정이다. 그런데 오늘은 문제가 생겼다. 방 청소를 하고 나오니 마루에 계시던 할머니가 없어졌다. 어딜 갔지? 화장실에 갔나? 화장실에도 없고 마당에도 없다. 마음이 급해진다. 대문 밖으로 나와 보지만 보이지 않는다. 가까운 골목을 모두 뒤져도 없다. 큰일 났다. 혹시나 잘못되지는 않았을까 하는 걱정에 가슴이 뛴다. 이젠 허둥대기 시작한다.

떨리는 목소리로 며느리에게 전화를 해 할머니가 없어졌다고 하니 의외로 차분하다. "조금 기다려 보세요. 곧 들어 오겠지요." 그녀는 안달이 났는데 며느리는 느긋하다. 급한 마음에 남편에게 구원을 요청한다. 언제나 가장 든든한 후원자니까 한 방에 해결해 줄 것이다. 대여섯 번의 신호음이 울리고 나서야 받는다. "왜?" 좀 다정하게 대답하면 좋으련만 첫마디가 왜 했느냐는 투다. "자기야 왜?" 하는 대답은 기다린 것은 아니지만 조금 실망이다. 그러나 남편인데 이유를 들으면 금방 달려와 해결할 것이다. "내가 뭐라고 했나. 그럴 줄 알았다. 한 번 더 잘 찾아보고 경찰에 신고해라. 바쁘다. 끊어라." 하늘이 무너진다. 기대가 크면 실망도 큰 법이다. 이제 어떻게 해야 할지 모르겠다. 파출소에 신고를 해야 하나 요양시설에 해야 하나 그냥 마당에서 왔다 갔다 한다. 뾰족한 방법이 생각나지 않는다.

그때 살며시 대문이 열리고 낯익은 얼굴이 먼저 들어온다. 할머니다. 반갑다. 내 평생에 사람이 이렇게 반가운 적이 있었는가. 반가운 마음에 눈물이 먼저 나온다. 달려가 손을 잡고 할머니를 살핀다.

어디 다친 곳은 없는지 머리부터 발끝까지 말짱하다.

사람의 마음이 참 이상하다. 조금 전에 그렇게 반가웠던 마음이 어느새 야속함으로 바뀌었다. "말도 없이 어디 갔다 오는 거예요" 목소리에 힘이 들어갔다. 밉다. 그래도 탈 없이 바로 들어 왔으니 이게 어딘가. 참~ 다행이다. 온몸에 힘이 쫙~ 빠진다. 마루에 걸터앉아 마음을 진정시킨 후 세수시키고 손발 씻겨서 방으로 데리고 들어간다.

며느리에게 전화를 한다. "수고 하셨어요. 고맙습니다." 전화기를 통하여 나오는 목소리는 여전히 침착하다. "다음부턴 절대로 이런 일이 없도록 하겠습니다." 미안한 마음에 머리는 자동으로 숙여진다.

남편에게도 들어 왔다고 알린다. "알았다. 다음부턴 조심해라. 바빠 죽겠는데." 그리곤 '뚝'이다. 수고했다는 말 한 마디쯤 해주면 좋을 텐데……. 입이 자동으로 삐쭉거린다. "뭐. 자기 일만 중요한 줄 아는 모양이지."

"할머니 다음부턴 말없이 나가시면 안돼요. 꼭 이야기하고 저하고 같이 가요. 알았지요."

할머니 표정이 영 떨떠름하다.

"외출한다고 했잖아."

기가 찬다. 할머니는 분명히 외출한다고 했다면서 자기는 잘못이 없다고 우긴다. 서로 간에 옥신각신하다가 할머니가 증거를 보여주겠다고 한다.

"증거? 보여 주세요"

할머니가 자신만만한 태도로 장롱 문을 열어젖힌다. 그리고는 하얀 종이를 꺼내 눈앞에 들이민다.

“봐~ 여기 있잖아.”

삐뚤삐뚤한 글씨가 큼직하게 쓰여 있다. ‘외출’ 아이고 맙소사.

“할머니 말로 해야지 이걸 장롱 속에 넣어 놓으면 어떻게 해요.”

“무슨 말이야 중요한 것이니까 장롱 속에 잘 넣어 놓았잖아. 바보 같이…….”

누구에게나 중요한 일은 있지만 서로 다른 모양이다. 남들의 중요한 일을 나는 하찮은 일로 보지는 않는지 알 수 없다.